PHILOSOPHIE

ÉLÉMENTAIRE,

OU

MÉTHODE

ANALYTIQUE

APPLIQUÉE

AUX SCIENCES ET AUX LANGUES.

Par le C. *MONGIN*, Professeur de *Grammaire générale*, à l'École centrale de la Meurthe.

TOME PREMIER.

Prix des deux Volumes, 6 francs.

A NANCY,

Chez HAENER et DELAHAYE, Imprimeurs, rue de la Constitution, n.° 10.

Et se trouve chez l'auteur, rue Saint-Julien, n.° 424.

An XI. — 1803.

TOUTE matière grammaticale est ingrate par elle-même. Toute considération méta-physique est fatiguante. Qu'en doit-il arriver, quand elles sont réunies? C'est pourtant leur réunion qui doit piquer ici la curiosité du lecteur, et qui peut rendre ce livre utile, au cas que l'auteur ait pu parvenir à le rendre tel.

Traité de la formation mécanique des langues. Disc. prélim.

DÉCRET

DE LA

CONVENTION NATIONALE,

Concernant les Contrefacteurs.

La Convention nationale, après avoir entendu le rapport de son Comité d'instruction publique, décrète ce qui suit:

Article premier. Les auteurs d'écrits en tout genre, les compositeurs de musique et dessinateurs, qui feront graver des tableaux ou dessins, jouiront, durant leur vie entière, du droit exclusif de vendre, faire vendre, distribuer leurs ouvrages, dans le territoire de la République, et d'en céder la propriété en tout ou en partie.

II. Les héritiers ou cessionnaires jouiront des mêmes droits durant l'espace de dix ans après la mort des auteurs.

III. Les officiers de paix seront tenus de faire confisquer, à la réquisition et au profit des auteurs, compositeurs, peintres, dessinateurs, et autres, leurs héritiers ou cessionnaires, tous les exemplaires des éditions imprimées ou gravées, sans la permission formelle et par écrit des auteurs.

IV. Tout contrefacteur sera tenu de payer, au véritable propriétaire, une somme équivalente au prix de trois mille exemplaires de l'Édition originale.

V. Tout débitant d'édition contrefaite, s'il n'est pas reconnu contrefacteur, sera tenu de payer, au véritable propriétaire, une somme équivalente au prix de cinq cents exemplaires de l'Édition originale.

VI. Tout citoyen qui mettra au jour un ouvrage soit de littérature ou de gravure, dans quelque genre que ce soit, sera obligé d'en déposer deux exemplaires à la Bibliothèque nationale, ou au Cabinet d'estampes de la République, dont il recevra un reçu signé par le Bibliothécaire ; faute de quoi il ne pourra être admis en justice pour la poursuite des contrefacteurs.

VII. Les héritiers de l'auteur d'un ouvrage de littérature, ou de gravure, ou de toutes autres productions de l'esprit ou du génie, qui appartiennent aux beaux arts, en auront la propriété pendant dix ans.

Nous plaçons la présente Édition sous la sauvegarde des Lois et de la probité des Citoyens. Nous déclarons que nous poursuivrons devant les Tribunaux, tout contrefacteur, distributeur ou débitant d'Édition contrefaite ; nous assurons même au citoyen qui nous fera connaître le contrefacteur, distributeur ou débitant, la moitié du dédommagement que la Loi nous accorde.

Nancy,

La seule véritable Édition est accompagnée de notre signature.

Au titre de Grammaire générale, qui a toujours paru un peu vague et qui ne présente pas assez distinctement à tout le monde l'objet de cette partie intéressante de l'instruction publique, on a cru devoir substituer celui de philosophie élémentaire, qui en donne une idée plus précise et qui montre cette étude comme la base essentielle de toute vraie connaissance, comme le moyen unique de diriger l'esprit dans ses recherches.

L'utilité de ce cours a été sentie vivement par le plus grand nombre des élèves qui l'ont suivi ; mais sur - tout par ceux qui, ayant déjà quelques notions des sciences, pouvaient mieux, par-là même, appercevoir l'ordre et la raison des opérations par lesquelles ils les avaient acquises.

Ces élémens pourraient servir aussi à cette portion nombreuse de la jeunesse qui, forcée par les événemens d'interrompre ses études ou de n'en faire que de superficielles, éprouve le besoin de revenir sur un travail dont elle découvre tous les jours l'imperfection.

Pour que ce traité fût vraiment utile à ceux auxquels il est destiné, il n'était pas nécessaire de suivre la science dans ces analyses profondes par lesquelles la métaphysique scrute la nature même de l'entendement : il suffisait d'exposer d'une manière simple et facile les procédés de l'esprit dans la formation et dans l'expression de la pensée. Par cette méthode, on voit commencer et se développer le système intellectuel ; l'origine et les progrès de la connaissance humaine deviennent sensibles ; les règles de jugement et de raisonnement sont naturellement amenées ; et les langues, en constante harmonie avec la pensée, paraissent ce qu'elles sont réellement, le chef-d'œuvre de l'homme, l'instrument le plus précieux de ses opérations.

Cependant, il est une foule de questions importantes qu'il était difficile de ne pas toucher, au moins légèrement ; soit parce qu'elles ont par elles-mêmes un certain intérêt, soit parce qu'elles sortent assez naturellement des principes, soit enfin parce qu'on les a agitées autrefois avec chaleur. Pour ne pas interrompre la chaîne, on a renvoyé à la fin de chaque partie les notes, les développemens et les discussions dont le texte pouvait avoir besoin.

Dans les différens exercices qui ont eu lieu sur cette matière, quelques personnes dont l'opinion n'est pas à dédaigner, ont paru craindre que cet enseignement ne fût un peu trop fort, sur-tout l'analyse des idées abstraites. J'observe que c'est précisément cette analyse qui est l'objet d'une saine philosophie. Le danger n'est pas d'analyser des idées qui se trouvent par-tout, dans les sciences, dans les langues, même dans l'usage le plus ordinaire : le mal serait vraiment, que les jeunes gens s'accoutumassent à employer, sans en bien sentir la valeur, et ces idées et les mots qui les expriment. Au reste, il s'en faut bien que les subtilités de l'ancienne école fussent aussi intelligibles que la méthode d'analyse, qui seule peut être le fondement d'une bonne logique.

PHILOSOPHIE ÉLÉMENTAIRE.

OBSERVATIONS PRÉLIMINAIRES.

De la Grammaire générale et de la manière de la traiter philosophiquement.

GRAMMAIRE, dans l'acception commune, se dit de tout ce qui a rapport à l'art de la parole soit parlée, soit écrite. Gébelin, dans ses étymologies, fait venir ce mot du primitif *cra* qui peint par imitation le bruit de l'instrument dont on se servait pour graver, sur une matière quelconque, les signes, lettres ou caractères destinés à représenter la parole. On reconnaît facilement cette racine, mais adoucie, dans le *graphein* des Grecs; elle est plus dure dans le *scribere* des latins : on la retrouverait également dans notre mot *écrire*, et dans quelques autres que notre étymologiste rapporte à cette famille.

La grammaire est ou particulière, ou générale.

La grammaire particulière est l'art de parler

et d'écrire correctement une langue, c'est-à-dire, conformément aux usages que cette langue a adoptés : ce qui comprend la connaissance des mots de cette langue, celle de leurs différentes formes, enfin celle des constructions.

La grammaire générale laisse à part les usages propres et particuliers à chaque langue, parce que ces usages sont indifférens : elle ne considère que ce que toutes les langues ont d'essentiel et de commun pour l'expression de la pensée; c'est pour cela qu'on la nomme *générale*. On ajoute *raisonnée*, parce qu'en suivant le travail et les procédés de l'esprit dans la formation des langues, elle trouve, dans la nature même, la raison des règles communes, et qu'elle explique facilement les usages particuliers, en montrant comment ils se rattachent aux principes généraux, lors même qu'ils paraissent s'en écarter davantage.

L'expression n'est que la peinture de la pensée, un moyen de la rendre aux autres, telle qu'on l'a soi-même dans l'esprit : c'est une copie dont on ne peut connaître la bonté, qu'en la comparant à son original. Ainsi, pour fixer sûrement les principes généraux de l'expression, il faut voir la pensée dans ses élémens et la suivre dans toutes les combinaisons que ces élémens peuvent avoir dans l'esprit et dans les langues.

L'objet de la grammaire générale est donc la pensée analysée par le moyen des signes : en d'autres termes, c'est l'exposition simple des procédés que la nature indique à l'homme pour faire les opérations de l'esprit et en communiquer le résultat à ses semblables.

Considérée comme science, comme simple théorie, la grammaire générale offrirait déjà le plus grand intérêt. C'est l'homme intellectuel, ce sont les phénomènes de la pensée, qu'elle se propose d'expliquer.

On sent combien les propriétés des êtres qui nous environnent, les merveilles de la nature et les loïs qui la régissent, sont dignes de fixer l'attention du sage.

Il est un objet plus grand, plus curieux encore pour l'observateur : c'est l'être capable de saisir par la pensée l'ensemble et les détails de ce magnifique ouvrage; de se rendre présens, par ses opérations, tous les tems, tous les lieux; d'appercevoir les rapports des effets aux causes, des fins aux moyens.

Que sont ces facultés précieuses qui distinguent l'homme, et comment elles se développent; par quelle suite d'efforts il a créé et perfectionné les arts et les sciences; comment il a formé les langues, et quelle analogie elles ont avec la pensée et entr'elles etc. : ce simple apperçu fait déjà sentir l'importance et l'étendue des recherches auxquelles se livre la grammaire générale;

et sous ce point de vue, elle ne le céde à aucune autre partie des connaissances humaines.

Il est vrai qu'elle a ses difficultés, et qu'au premier coup-d'œil il ne paraît pas aisé de connaître exactement l'entendement humain. On voit des résultats, des effets; mais comment sont-ils produits? quel est ce principe intérieur qui agit, qui veut, qui pense, et dont l'activité ne peut être contenue, ni par les tems, ni par les lieux? par quel mécanisme invisible le corps transmet-il à l'ame la matière de la pensée? et quelle prise l'ame, être simple, peut-elle avoir sur des organes matériels?

Ici, il faut distinguer ce qu'il est possible de savoir, et ce qu'il ne nous est pas donné de comprendre.

La nature de l'esprit nous échappera toujours; nous n'avons pas de moyen pour le soumettre à l'analyse. La nature intime des corps échappe également au physicien; ses observations, ses expériences ne lui donnent que des faits, d'où il conclut des lois générales, mais sans arriver jamais à la première de toutes qui tient à l'essence intime de la matière. Il en est de même pour l'entendement humain : on ne peut que suivre la chaîne de ses opérations; on en voit les deux extrémités, le point d'où l'on part et celui auquel on arrive. En ramenant ainsi les connaissances à leur premiers élémens, on apperçoit comment ils se combinent par le moyen des langues et forment le système intellectuel.

Quelque curieuses que soient ces recherches, la grammaire générale, si elle s'y bornait, manquerait son but. Si elle observe la marche et les opérations de l'esprit, c'est pour en assurer la rectitude; et si elle s'occupe de l'expression, c'est parce que la connaissance raisonnée des langues conduit à mieux penser. C'est sous ce point de vue d'utilité générale, que cette partie tient un des premiers rangs dans l'instruction publique, et c'est par là qu'il faut l'apprécier. L'état actuel des sciences est une preuve de son influence sur les progrès de l'esprit humain (1). Il est de fait que, depuis quelque - tems, les sciences ont plus d'exactitude ; elles marchent plus vîte et plus sûrement vers le but qu'elles se proposent. On doit cette amélioration à l'étude plus approfondie de l'entendement humain. En remontant à l'origine de nos connaissances, la philosophie a simplifié les méthodes, analysé les idées, écarté les discussions inutiles : la science, dégagée de systèmes, a été rappelée à un petit nombre de principes clairs et simples, posés sur des faits bien observés, bien constatés. D'un autre côté, les langues des sciences ont été débarrassées de cette foule de mots et de formules barbares qui en faisaient la principale difficulté. Parce qu'on pensait mieux, on était plus clair dans l'expression; et plus on était clair dans l'expression, plus la pensée se développait avec avantage. Cette action réciproque de la pensée sur la langue et de la langue sur la pensée, prouvée par le fait, sera démontrée dans la suite, par la connexion intime qu'il y a entre penser et parler.

Cependant, sans faire une étude directe de la grammaire générale, on peut en suivre les principes. Toute méthode qui accoutume l'esprit à bien déterminer ses idées, à les classer dans un ordre naturel, à les exprimer avec précision, est un cours pratique de grammaire générale. Mais il faut convenir aussi que, quand on voit dans la théorie la raison de ce qu'on ne faisait que par habitude, on le fait avec encore plus de justesse. Le grammairien philosophe a en main les mêmes instrumens que les autres hommes; mais il les connaît mieux: il les emploie avec plus de sûreté, plus d'adresse. On ne peut dire qu'on a de vraies connaissances, qu'autant qu'on peut se rendre compte de la manière dont on les a acquises : alors seulement on pense. Ce n'est que dans ce sens que penser est un art; cet art, comme tous les autres, consiste à observer la nature, pour faire bien, avec son secours, ce qu'on fait toujours mal, en s'écartant de la route qu'elle nous indique.

La grammaire générale répond à cette partie de l'ancien enseignement qu'on appellait logique et métaphysique, mais avec quelques différences. Autrefois la philosophie, presque toute en mots et en formules qu'un long usage avait consacrées, donnait trop à l'autorité ou à l'imagination : delà, des disputes inintelligibles, des subtilités ridicules, des systêmes sans appui, peu de découvertes utiles (2). La grammaire générale rappelle la logique et la métaphysique à leur vraie destination. La logique, rapprochée de l'étude raisonnée des langues, devient un instrument général et précieux pour les sciences, parce qu'elle puise dans la nature même les règles qui doivent nous diriger dans la formation et dans l'expression de la pensée. Quant à la partie métaphysique, elle est encore plus simplifiée. La génération des idées est la seule question pour la solution de laquelle elle ait des données certaines. En effet, toutes nos idées métaphysiques étant le produit des opérations de l'esprit qui les abstrait, les compose et les combine, nous pouvons les analyser et les ramener aux notions simples et élémentaires d'où nous les avons tirées. Mais les autres questions, sur la nature de l'esprit et de la matière, sur la communication de l'ame avec le corps, sur les moyens que la providence divine employe pour la création et la conservation de l'univers etc.; on sent qu'elles sont insolubles. En se livrant à des conjectures ingénieuses, on rencontrerait la vérité, qu'on n'aurait aucun moyen sûr pour la distinguer de l'erreur. Il est donc bien essentiel de fixer les limites entre ce qui est vrai et ce qui n'est que conjectural et vraisemblable : faute de cela, il n'y a plus, en métaphysique, que confusion et incertitude.

Cette méthode que la grammaire générale adopte pour ses propres recherches, elle la prescrit également pour les autres études; et c'est par là qu'elle est devenue en quelque sorte le flambeau qui doit éclairer la marche de quiconque se dévoue à la recherche de la vérité.

Dans le système des écoles centrales, la grammaire générale se trouvait plus particulièrement liée aux langues et aux belles-lettres. L'étude des langues, faite d'après une bonne méthode, prépare à l'Idéologie; elle offre d'ailleurs une foule de rapprochemens qui font mieux sentir la vérité et l'application des principes généraux des langues. Quant aux belles-lettres, leur connexion avec la grammaire n'est pas moins intime. En quelque genre qu'on écrive, soit en vers, soit en prose, ce n'est jamais qu'à des pensées justes et vraies que doivent s'appliquer les graces du style. Une diction correcte, un raisonnement solide, sont le fond du tableau; le coloris n'est que l'accessoire, et les qualités de goût ne sont vraiment précieuses, qu'autant qu'elles sont réunies aux qualités logiques sans lesquelles il n'y a ni vrai, ni beau, ni naturel. Il y a même plus: ces trois parties, les langues, la grammaire générale et la littérature, ont réellement le même objet; elles ne sont divisées dans l'enseignement, que parce qu'elles considèrent cet objet d'une manière différente; mais elles se supposent et s'appuyent mutuellement, c'est toujours l'art de penser et de parler. Cet art, dans sa totalité, est nécessaire aux autres sciences : toutes ont besoin de rectitude pour les idées, de justesse dans l'expression; et du côté du style, il en est peu qui ne gagnassent à parer la vérité des légers ornemens dont elle est susceptible.

De la Perfectibilité humaine, et des deux Facultés naturelles qui forment l'Entendement.

En comparant l'homme aux autres êtres animés, on leur trouve, d'un côté, des ressemblances si frappantes, qu'on serait presque tenté de les confondre ; de l'autre, des différences si marquées, qu'elles font oublier ce qu'ils ont de commun. Les facultés physiques, les organes nécessaires à la vie, leur développement, leurs fonctions ; tout se ressemble : seulement il y a dans la conformation quelques légères nuances qui distinguent les espèces. Mais l'intelligence de l'homme, ses arts, ses sciences, la sublimité de ses spéculations, la justesse de ses calculs, l'empire que la pensée lui donne sur toute la nature, ne permettent pas de le laisser dans la classe des autres êtres dont l'organisation le rapproche. Il faut marquer le point où ils se touchent, mais sans se confondre.

L'homme, comme tous les autres êtres sensibles, a reçu de la nature des besoins et des facultés : voilà tout-à-la-fois ses moyens de conservation et les instrumens de ses connaissances. Des besoins, sans facultés, en feraient un être malheureux ; des facultés, sans besoins, lui seraient inutiles, il n'aurait aucun motif pour les déployer. C'est dans le rapport des uns aux autres, qu'il faut chercher la solution de tous les problêmes qu'offre à résoudre l'homme physique, intellectuel et moral (3).

Les besoins et les facultés semblent d'abord être bornés au physique, et n'avoir pour objet que la conservation de l'individu. Mais en même-tems que l'homme physique croît, se fortifie, se développe, l'homme intellectuel se forme, s'instruit, s'élève et prend, dans la chaîne des êtres, le rang que la nature lui a marqué. Ce progrès, pour être insensible, n'en est pas moins réel.

L'homme ne s'instruit qu'à mesure qu'il sent le besoin de s'instruire. Dans l'état sauvage, il a peu de besoins, et ils ne sont que physiques : aussi il a peu de connaissances, elles sont uniquement relatives à son état; il les acquiert lentement et ne les perfectionne guère. C'est ce qu'on a observé dans les peuplades errantes : les simples besoins de la nature, les connaissances grossières qui s'y rapportent, nul desir d'en acquérir d'autres.

Dans l'état de société, les besoins sont en plus grand nombre et d'un autre genre. L'homme doit donc s'éclairer davantage et plus promptement; puisqu'outre ses ressources particulières, il a l'expérience et les découvertes de ceux qui l'ont précédé, l'émulation qui naît de l'exemple, et tous les motifs que les plus grands intérêts peuvent offrir aux passions. Et il est de fait que, plus la société est nombreuse, mieux elle est constituée, et plus aussi elle gagne en connaissances.

Cette aptitude de l'homme à développer ses facultés d'une manière proportionnelle à ses besoins, et relative aux circonstances où il se trouve, est ce qu'on appelle sa *perfectibilité*, caractère distinctif qu'il faut bien saisir : c'est lui qui donne la différence essentielle entre l'homme et les autres êtres animés. On n'apperçoit en effet, dans ces derniers, que des facultés purement sensitives, réduites à les avertir de ce qui peut contribuer ou nuire à leur conservation. Quelque sagacité qu'on remarque dans quelques-uns d'entr'eux, on voit aisément qu'elle tient au seul besoin physique ; que l'animal la doit à sa seule conformation ; qu'il ne se perfectionne jamais, et qu'à très-peu de chose près, il est, à quelques mois, ce qu'il doit être le reste de sa vie. L'homme, au contraire, s'instruit tous les jours; et ce n'est pas seulement l'individu qui se perfectionne, c'est l'espèce entière qui devient meilleure et plus éclairée. L'état actuel des connaissances en est une preuve incontestable : le développement de l'esprit, chez les peuples civilisés, a mis entr'eux et le sauvage plus de distance, qu'il ne semble y en avoir naturellement entre ce dernier et les autres animaux ; avec cette différence cependant que, telle circonstance donnée, l'homme sauvage arrive à la civilisation, tandis que l'animal, fixé par son instinct particulier, n'en franchit jamais les limites (4).

Cette perfectibilité de l'homme tient à deux facultés générales et naturelles, dont les développemens plus ou moins rapides donnent toutes les différences qu'on observe d'homme à homme, de peuple à peuple, d'un siècle à un autre : on les a nommées *raison* et *parole*.

Par opposition à l'instinct animal qui n'est qu'une impulsion irréfléchie et bornée, on appelle raison cette lumière naturelle qui se forme en nous par degrés et à mesure que, par des observations répétées, nous saisissons les rapports des choses, et que, de ces rapports, nous tirons les principes qui servent de règle à nos jugemens et à nos actions.

Il est aisé de voir que cette raison, au moins dans ses premiers progrès, doit être la même chez tous les hommes; puisqu'ayant tous les mêmes moyens pour l'exercer, ils doivent, en les employant bien, obtenir les mêmes résultats.

Elle doit aussi être constante, invariable, éternelle; car elle est fondée sur des rapports qui ne peuvent pas plus changer, que l'essence même des choses.

C'est cette raison qui, sous le nom de *loi na-*

turelle, nous indique nos devoirs, et qui, sous celui de *conscience*, juge de la conformité ou de l'opposition de nos actions à nos principes (5).

Ainsi, quand on dit : *Dieu a donné la raison à l'homme, il a gravé la loi naturelle dans son cœur*, etc., cela signifie : *l'homme a reçu des facultés qui, développées et dirigées d'une manière naturelle, le conduisent à la connaissance du vrai, et à l'amour du bon.* Au reste, que la raison humaine se forme par degrés, ou que l'auteur des choses l'ait mise en nous toute formée, le bienfait est le même : il n'y a pas de différence entre donner la chose ou les moyens de l'acquérir ; et le bon usage ou l'abus que nous faisons de la raison, s'expliquent aussi facilement dans l'une et dans l'autre opinion.

Cette raison si précieuse en elle-même, ne serait cependant que d'un bien faible secours, si la parole n'en facilitait pas l'exercice, et n'en accélérait pas les progrès. On ne voit pas quelle espèce de connaissances l'homme pourrait avoir, s'il n'avait pas un moyen de comparer ses sensations, ses premières idées, de les fixer par des signes pour s'en occuper et en saisir les rapports. Et en supposant que, sans la parole, il pût faire quelque découverte, privé des moyens de la communiquer et de la transmettre, il n'en laisserait rien à ceux qui viendraient après lui. Ainsi, l'esprit humain resterait condamné à une enfance éternelle. Car, ce qui fait l'esprit ou l'entendement humain, ce n'est pas la raison de tel ou tel homme, ni les connaissances individuelles et isolées qu'il peut avoir; mais c'est la réunion de tous les efforts et la mise en commun de toutes les facultés. Or, il est évident que, sans la parole, ce commerce d'idées ne pourrait avoir lieu, et que toute communication serait impossible. Par la parole, au contraire, tous les peuples, tous les tems, tous les lieux se rapprochent; nous jouissons des richesses que les siècles passés ont accumulées pour nous, et nous transmettons aux âges suivans ce précieux dépôt qui se grossit sans cesse de la raison de tous les peuples et de la sagesse de tous les hommes (6).

La parole, ainsi considérée, est cette faculté naturelle et générale qu'a l'homme d'exprimer sa pensée par des signes et sur-tout par la voix. Nous verrons dans la suite que, pour être expressif et intelligible, tout signe dut avoir d'abord un rapport naturel ou analogique avec la chose ou l'idée qu'il devait peindre. Le choix des signes, des voix, des mots, n'est donc ni indifférent, ni arbitraire, et les hommes ont eu des raisons pour en adopter quelques-uns plutôt que d'autres.

La collection des signes, des usages, que les hommes d'une même société sont convenus d'employer pour l'expression de la pensée, s'appelle *langue.*

1.º L'origine des langues présente des difficultés qui ont arrêté tous ceux qui ont cherché à les résoudre. L'auteur du discours sur l'origine de l'inégalité parmi les hommes, après avoir examiné le développement successif de nos facultés, finit par regarder comme *presque démontrée l'impossibilité que les langues aient pu naître et s'établir par des moyens purement humains.* La question est embarrassante, il faut en convenir ; mais elle n'est pas insoluble. Certainement il doit en être de l'origine des langues, comme des commencemens des arts et des sociétés elles-mêmes. Poussés par le besoin qui excite l'industrie, aidés par des circonstances plus ou moins heureuses, les premiers hommes ont dû faire d'abord des ébauches informes et grossières que l'expérience leur aura ensuite appris à rectifier. La raison et la parole sont des facultés corrélatives et tellement inséparables, que l'une ne pouvait se développer, se perfectionner, sans l'autre.

Mais quand et comment s'est fait ce progrès ? L'histoire et les monumens se taisent sur l'enfance du genre humain ; et il serait bien impossible qu'on en sçût quelque chose, puisque, pour tenir régître des faits, il faut que la pensée et la parole soient déjà bien perfectionnées, et par conséquent loin de leur origine. Quand les faits manquent, les conjectures philosophiques y suppléent : on juge ce que l'homme a fait, par ce qu'il pouvait faire avec les moyens naturels qu'il

avait

avait à sa disposition ; et l'existence des sociétés, des langues , des arts, des sciences, prouve qu'il les a bien employés (7).

D'ailleurs, la difficulté d'expliquer une chose ne prouve pas qu'elle ne puisse avoir lieu par des moyens purement humains.

2.º Y a-t-il eu une langue primitive, dont les autres se sont formées et dont elles ne sont que des dialectes ?

Cette question est la même que celle - ci : y a - t - il eu une première société bien formée, bien organisée, où la raison et la parole auraient déjà eu fait d'assez grands progrès, avant que d'autres petites sociétés s'en séparassent ? L'histoire ne nous donne point de lumières sur ces tems reculés , et les conjectures sont trop vagues pour qu'on puisse s'y arrêter.

3.º En admettant l'existence de cette langue primitive, s'est-elle conservée chez quelque peuple connu, et peut-on reconnaître ce que les autres langues en ont tiré ?

Nous voyons par l'histoire, que plusieurs peuples se disputèrent les honneurs de l'ancienneté. Le moyen qu'on employa pour juger ce différent, n'était certainement pas bien décisif ; mais au moins il prouve qu'on ignorait alors quelle était la plus ancienne des langues ; depuis, le problème n'est pas devenu plus facile à résoudre.

Quant aux mots que les autres langues auraient conservés de la primitive, quelques ressemblances ne prouvent rien : ces mots sont en petit nombre, et les peuples ont pu se les communiquer par le commerce, les émigrations, les invasions, sans qu'il soit nécessaire, pour expliquer ces ressemblances, de remonter jusqu'à une langue primitive.

Ainsi, sans s'arrêter à des discussions inutiles sur une prétendue langue primitive, il est plus simple de chercher dans la nature même les procédés qu'ont dû suivre les premiers inventeurs des langues doués des deux facultés naturelles et générales qui caractérisent l'espèce humaine (8).

Deux sortes de signes entrent dans la composition d'une langue; les uns sont naturels, les autres artificiels ou de convention.

Les signes naturels sont : 1.º ces accens, ces sons vifs et courts que la force des passions nous arrache, et qui manifestent l'état de l'ame affectée de plaisir ou de douleur ; 2.º les gestes, les attitudes du corps qui, sans réflexion de notre part, se conforment à notre manière d'être actuelle. Ce langage d'action peint d'une façon aussi expressive que les accens eux-mêmes ; avec eux, il suffit pour manifester toutes les passions, tous les besoins physiques que l'homme peut éprouver.

Si l'homme n'était destiné qu'à éprouver des besoins physiques, son attention, comme celle des animaux, se porterait exclusivement et toute entière vers les objets qui s'y rapportent ; il n'aurait que des sensations, des affections, mais point d'idées développées. Cet état, qu'on a appellé de *pure nature*, est une supposition chimérique : l'homme ne serait pas perfectible, s'il n'était pas sociable ; comme il ne lui servirait de rien d'être sociable, s'il n'était pas perfectible. L'état de société doit donc être regardé comme son état naturel, puisque, hors de là, il aurait des facultés inutiles.

Or, si-tôt qu'on suppose l'homme en société, ses besoins changent d'objet, ses relations s'étendent ; l'individu ne s'occupe plus uniquement de ses affections, il remarque encore celles des autres. Les mêmes objets vus plus souvent, fixent son attention et se présentent sous des formes mieux déterminées : les comparaisons fréquentes qu'il est obligé de faire, ou que les circonstances lui of-frent à chaque instant, décident l'action de la faculté intellectuelle : là, les signes artificiels de-viennent nécessaires.

Mais comment trouver ces signes ? L'homme les a dans ces accens naturels qui n'ont besoin que d'être un peu modifiés, pour imiter le son, le bruit, le mouvement des objets ; dans les gestes, par lesquels il désignera ce qu'il n'exprimerait pas

facilement par des voix. Ces deux moyens réunis ne formeront encore qu'une langue bien
grossière ; mais au moins elle est naturelle et
intelligible ; et, les signes imitant les objets et
les représentant en quelque sorte, il était aisé de
les adopter et d'en convenir, d'autant plus qu'ils
ont dû être en petit nombre, très-courts et d'une
prononciation facile (9).

Les choses peuvent rester long-tems dans cet
état ; et l'enfance de la société, des arts, de la
langue, peut être plus ou moins longue : leurs
progrès dépendent de mille circonstances qui peuvent les accélérer ou les retarder. Un hazard
heureux peut mettre sur le chemin des découvertes ;
un sol plus fertile, en procurant plus d'aisance,
laissera plus de loisir pour s'occuper de quelques
arts informes ; l'individu qui, par plus de réflexion,
aura mieux réussi, excitera l'émulation. Bientôt,
au simple nécessaire on joindra l'utile ; les arts
d'agrément viendront à la suite. La langue, de
son côté, doit suivre la même marche : à mesure
que le cercle des idées s'aggrandit, on trouve
des mots nouveaux, ou, ce qui est encore plus
facile, on employe différemment ceux qui sont
déjà trouvés. L'organe de la voix, si flexible,
si susceptible de toutes les nuances, en prend
d'appropriées aux mœurs, au caractère du peuple
nouveau. C'est ainsi qu'on peut concevoir qu'une
langue se forme, s'enrichit, s'épure et se fixe ;
née des besoins de la société, elle doit en suivre

tous les progrès. Et ce ne sont pas là de simples conjectures ; il n'y a pas de peuple dont l'histoire ne montre la langue en rapport constant avec la civilisation (10).

La diversité des langues se conçoit aussi facilement. Si chaque société a formé sa langue, elle n'a pu la former que par les moyens naturels qu'avaient les autres sociétés. Le besoin, l'imitation, l'analogie ont agi par-tout de la même manière et donné aux langues le même fond ; mais la forme, l'emploi, l'arrangement des signes ont dû varier de peuple à peuple, et même d'un tems à un autre, chez le même peuple.

Mais si, ce qui est bien plus probable, il y a eu une langue primitive, la langue de chaque peuple, en conservant quelque chose de la première, a dû s'altérer insensiblement et prendre un caractère particulier, relatif au climat, aux mœurs, au gouvernement etc. A ces causes qui, sans doute, ont beaucoup agi sur les langues, il faut ajouter les révolutions physiques et morales, les émigrations fréquentes, le mélange continuel des peuples conquérans et conquis ; et cette diversité de langues, qui d'abord paraît prodigieuse, n'a plus rien qui étonne.

Ces différences qu'on observe entre les langues, ne sont cependant qu'apparentes et accidentelles, et n'empêchent pas qu'elles n'aient toutes des principes communs. Toutes doivent peindre la pensée; et comme la pensée est la même chez tous les hommes, il faut, pour en faire une copie fidèle, que les langues soient assujetties aux mêmes règles générales : libres pour le choix des couleurs ou des ornemens, elles ne le sont pas pour tout ce qui fait le fond du tableau. Elles ne diffèrent donc que par de légers accessoires, ce qui est vraiment essentiel se retrouve dans toutes (11).

Ces principes généraux, naturels et immuables, sont l'objet de la grammaire générale qu'on a définie *l'analyse de la pensée par l'expression.* Pour sentir toute l'exactitude de cette définition, il faut distinguer deux sortes d'analyses; l'une, que nous faisons pour penser; l'autre, pour communiquer notre pensée (12).

D'abord, pour penser, il faut que nous fassions une analyse. Le principe pensant est en nous, mais la matière ou les élémens de la pensée nous viennent du dehors et par les sensations.

C'est sur ces sensations, que se fait le premier travail de l'esprit qui les analyse, les décompose et, par le moyen des signes, en tire les idées dont il fait ensuite toutes les combinaisons comprises sous le nom général de pensée.

La pensée une fois formée pour nous, il s'agit de la communiquer, et cette communication se fait encore par voie d'analyse. Car une pensée,

quoique simple , par exemple : ce jugement *la
vertu est aimable* renferme les deux idées de *vertu*
et *d'aimable* , et de plus le rapport qu'on apperçoit
entr'elles. Voilà trois parties que l'expression ne
peut présenter qu'une à une , successivement ,
par décomposition ou analyse.

De la définition de la grammaire générale ,
on tire sa division exacte et naturelle en deux
parties , la pensée et l'expression.

Pour connaître .exactement la pensée , il faut
analyser l'entendement humain , c'est-à-dire , remonter aux premières connaissances , en suivre
les progrès , et conclure delà des règles générales
pour en vérifier les opérations.

Pour traiter philosophiquement l'expression , il
faut la voir dans ses rapports avec les opérations
de l'esprit , établir l'analogie qu'il y a entre les
signes et les élémens de pensée auxquels ils répor-
dent , poser sur cette théorie les principes uni-
versels de la parole et les justifier par la comparaison des langues.

Ce plan embrasse toutes les parties de la science
grammaticale et la montre comme la base essentielle et unique de toute vraie connaissance.

PREMIÈRE PARTIE.
DE LA PENSÉE.

LA pensée a pour objet ou une connaissance, ou une action : delà, les deux facultés qu'on appelle *entendement* et *volonté*. Quoiqu'elles ne soient pas séparées dans l'exercice, qu'on ne puisse pas vouloir sans connaître, ou connaitre sans vouloir, la science les divise, et les traite chacune à part (13).

La volonté, en tant qu'elle est susceptible de règles, est l'objet de la morale.

L'entendement, tel que nous l'analysons ici, peut être considéré, ou comme simple faculté qui s'exerce et se développe dans toutes les opérations que l'esprit fait pour connaître ; ou comme la réunion elle-même de toutes les connaissances acquises par le développement de cette faculté.

De quelque manière qu'on le considère, analyser l'entendement humain, c'est prendre ou ramener toutes nos connaissances à leurs plus simples élémens, et observer comment ces élémens combinés forment cette suite d'idées, de jugemens et de raisonnemens, qu'on appelle science :

en d'autres termes, c'est chercher comment se développe en nous la faculté de penser (14).

Dans ces recherches, il ne faut qu'étudier attentivement la nature ; c'est en nous-mêmes, et non dans des opinions et des systêmes, qu'il faut voir le travail de l'esprit. Il faudrait oublier un instant tout ce qu'on a acquis, se reporter à cette première époque de la vie où rien n'était encore dans l'entendement : alors on verrait, selon l'expression. de Locke, comment et par quelles portes la lumière pénètre peu-à-peu dans cette chambre obscure.

Tout ce que nous pouvons savoir de l'entendement humain se rapporte à trois questions générales :

Quel est le principe ou le commencement des opérations de l'esprit ?

Quelle en est la chaîne ?

Quelles règles peuvent en assurer la rectitude ?

On les discute en trois articles :

1.º Dans un traité des sensations, on examine comment les sens mettent à la portée de l'esprit les premières connaissances, ce qu'on pourrait appeller en quelque sorte la matière de la pensée.

2.º Dans l'Idéologie, on voit les idées nées de la sensation se dégager insensiblement de ce qu'elles avaient de matériel, et prendre ces formes intellectuelles qu'on désigne sous le nom général de pensée.

3.º Dans la logique proprement dite, on fait sortir, des observations précédentes, les règles naturelles de l'art de penser.

ARTICLE PREMIER.

DES SENSATIONS.

Trois sortes d'élémens nécessaires pour la sensation.

Pour bien connaître la sensation et voir en quoi elle contribue à l'exercice et au développement de la faculté intellectuelle, il faut distinguer l'être qui sent, les moyens ou organes par lesquels il sent, enfin les objets à l'occasion desquels il sent.

Être sensible.

1.º Dans l'homme, l'être qui sent est le même qui pense : cette identité n'a pas besoin d'être prouvée. L'être sentant et pensant est-il spirituel ou matériel ? Sans entrer dans les preuves directes qui établissent le dogme philosophique de la spiritualité de l'ame, il suffit d'observer ici qu'il serait bien plus difficile de concevoir les merveilles de l'entendement humain par la seule organisation, qu'il ne l'est de les expliquer par des facultés d'un ordre supérieur, mais qui, pour agir, ont besoin de l'intervention du corps. On a nommé *ame* ce principe spirituel auquel appartient exclusivement la faculté de sentir et de penser.

L'existence d'un principe spirituel une fois

admise, il faut admettre également, entre l'ame
et le corps, une réciprocité d'action, telle que
le corps transmette à l'ame les impressions faites
sur les organes, tandis que, de son côté, l'ame
ordonne et dirige les mouvemens du corps. Les
deux substances seront donc unies et même très-
étroitement, mais sans se confondre; elles seront
dépendantes l'une de l'autre, mais de manière
que le corps ne fournira que la matière de la
pensée : c'est l'ame qui la travaille et qui lui
donne la forme. De ce concours des deux substances résulte la pensée humaine.

Mais comment concevoir un moyen quelconque
de communication entre deux substances aussi
essentiellement différentes ? L'ancienne métaphysique, pour l'expliquer, a inutilement épuisé tous
les systèmes; aucun n'est satisfaisant. Nous laisse-
rons donc ce mystère avec tant d'autres que la
nature couvre de son voile : le plus impénétrable de ses secrets sera toujours l'essence intime
de l'esprit et de la matière (15).

Organes ou moyens de la sensibilité.

2.º En examinant l'organisation du corps
humain, on y trouve les moyens par lesquels
s'exerce la faculté de sentir. Prise dans son
ensemble, cette organisation annonce déjà un
être supérieur et privilégié. Car, quoiqu'en apparence les autres animaux aient les mêmes
facultés physiques, elles sont, chez eux, ou plus

bornées, ou disposées moins avantageusement, ou moins d'accord entr'elles. Ainsi, quand même quelques espèces paraîtraient plus favorablement traitées d'un côté : que, dans les unes, l'odorat fut plus subtil; dans les autres, l'ouïe plus fine ou la vue plus perçante etc. , il n'en faudrait pas conclure que, chez elles, la faculté de sentir fût plus parfaite. Car cette perfection doit s'estimer, somme faite de tout; or, entre les êtres sensibles, il n'en est point qui réunisse dans une aussi juste proportion tous les moyens de sentir.

Ces moyens sont les cinq organes qu'on a nommés *sens* : c'est par eux que les premières connaissances arrivent à l'ame.

Les organes des sens sont distribués de manière à recevoir avec facilité, et à transmettre avec promptitude, les différentes impressions que font sur eux les objets extérieurs. C'est à l'anatomie qu'il appartient d'exposer ce merveilleux mécanisme. Elle nous montre ces organes composés de fibres nerveuses, d'une délicatesse extrême, répandues à la surface du corps, et se réunissant au cerveau qui paraît être le centre de l'action mécanique qui constitue la sensibilité animale.

Dans l'économie de la nature, les sens concourent en commun à la conservation de l'individu : par eux, il est averti de rechercher ou de fuir les objets, suivant la différence des impressions

qu'il en reçoit. Mais ce n'est pas sous ce point
de vue, que nous avons à les examiner ; nous
les considérons comme premier moyen d'instruction pour l'homme, comme des instrumens précieux par lesquels seuls il peut agir sur les corps
pour en reconnaître les qualités.

1.º L'odorat, placé dans les narines, reçoit
les impressions que font sur cet organe les
parties insensibles des corps situés à de plus ou
moins grandes distances.

2.º Le goût, dont le siége est dans le palais,
discerne les saveurs des corps qui sont immédiatement soumis à son action.

Ces deux sens, qui ont entr'eux beaucoup d'a-
nalogie et dont l'un est destiné à guider l'autre,
sont précieux pour la conservation de l'individu,
mais d'ailleurs enrichissent peu l'entendement.

3.º L'ouïe reçoit et transmet l'impression des
sons qui viennent frapper l'oreille. Ce sens, par
l'institution des signes vocaux, est devenu l'un
des plus essentiels pour l'acquisition des connaissances.

4.º L'œil, organe de la vue, reçoit l'impression des couleurs qui ne sont sensibles que par
la décomposition de la lumière : c'est la fonction
naturelle de ce sens. Si, dans la suite, instruit
par l'expérience, il juge de la distance et de la
forme des objets , ce n'est que parce qu'un

autre sens lui a prêté son secours. Cependant, comme nous faisons un fréquent usage de ce sens et qu'il agit à des distances considérables, nous lui devons un très-grand nombre d'idées, et il nous semble que celles qui nous arrivent par ce moyen, sont plus claires et plus nettes que les autres.

5.º Le tact ou toucher est le sens universel, puisqu'il est répandu dans tout le corps, et que les autres sens n'en sont que des espèces ou des modifications différentes. Mais il est plus sûr et plus délicat dans les mains, qui peuvent s'appliquer en tout sens aux divers corps pour en reconnaître les formes, le poli, les inégalités, la dureté, la mollesse et toutes les qualités tactiles. C'est le toucher qui instruit l'œil à juger, avec promptitude et précision, les distances, la figure et la position respective des corps. C'est lui aussi qui détruit les illusions de l'optique et qui rectifie les erreurs dans lesquelles les rapports de la vue nous font tomber à chaque instant. Ainsi, quand à l'œil nous jugeons un corps poli, anguleux, dur, mol, solide, liquide, ces jugemens ne sont pas strictement de la vue ; ils appartiennent au toucher auquel nous ne substituons la vue que quand, à force d'expériences, nous avons appris à les accorder.

Tels sont les moyens que la nature nous a donnés pour sentir : nous ne pouvons rien

connaître des corps, qu'autant que nous les saisissons par l'un de ces instrumens (16).

Objets extérieurs, causes occasionnelles de la
Sensation.

3.º Il reste à examiner ce qu'il peut y avoir
dans les corps, qui les rende propres à agir sur
nos organes et à mettre en exercice la faculté
de sentir.

Qui dit corps, dit un composé de parties
disposées et combinées entr'elles de manière à
donner différentes figures, qualités ou modifications. La Chimie, par ses analyses, a reconnu
les élémens qui entrent dans la composition des
corps et qui donnent une multitude de combinaisons. La Physique a expliqué les différentes
modulations du son par les mouvemens qu'un
corps agité communique à l'air; les couleurs, par
la décomposition de la lumière etc. Disposition,
combinaison, mouvement des parties; voilà tout
ce que les corps présentent à nos sens.

L'action d'un corps quelconque sur un autre
corps inanimé, peut bien altérer, changer ce
corps, lui imprimer ou lui ôter du mouvement;
mais cette action n'est ni connue ni sentie par
le corps qui la reçoit. L'air agité, les particules
odorantes arrivent jusqu'à lui, mais inutilement;
il n'a pas avec les autres corps ce rapport d'organisation qui n'appartient qu'aux corps animés.

Et

Et c'est effectivement ce rapport entre les objets et les organes, qui seul peut fournir à l'être sentant l'occasion d'exercer sa faculté. Car si vous changez quelque chose à la disposition, au mouvement des parties d'un corps, si vous les combinez d'une autre manière, il n'agira plus de même sur l'organe; il n'enverra plus à l'œil les mêmes couleurs, à l'oreille les mêmes sons; au goût, à l'odorat, les mêmes saveurs, les mêmes odeurs. Si d'un autre côté, l'action de l'objet restant la même, vous supposez l'organe mal disposé, altéré, détruit, l'action n'est pas reçue ou elle l'est mal, et son effet sur l'être sensible est nul ou faible. Le sourd, l'aveugle, le paralytique sont à l'égard des sons, des couleurs, et des qualités tactiles, comme l'être le plus insensible contre lequel la lumière, le son ou tout autre corps viennent frapper et se briser.

Les corps ou objets extérieurs ne sont donc que la cause occasionnelle de la sensation.

Les organes du corps animé en sont les instrumens, les moyens;

Et la faculté de sentir appartient à un être différent de ces organes.

D'après cela, il est aisé d'expliquer toutes les acceptions du mot *sentir*. Le corps sent, c'est-à-dire, qu'il reçoit de la part des autres corps les impressions relatives à chaque organe; mais il ne sent pas dans le sens qu'il connaisse ces impres-

sions ; de cette manière, il ne sent pas plus qu'il
ne pense.

Le mot *sensible* se dit et de l'être qui sent, et
du corps par le moyen duquel il sent, et des autres corps à l'occasion desquels il sent.

*Analyse faite par les sens, et quelle espèce
de connaissance en résulte.*

Après avoir reconnu la fonction naturelle de
chaque sens, on peut les considérer tous appliqués
au même objet pour le connaître. Par l'odorat,
nous jugeons de son odeur; de sa saveur, par le
goût; par l'ouïe, des sons qu'il peut rendre ; par
la vue, de ses couleurs; par le tact, de sa figure,
de sa dureté etc. Nos sens ainsi réunis sur un
même objet, en font une véritable analyse et le
décomposent en autant de parties, que nous en
recevons d'impressions de différentes sortes; c'est
ce que nous appellons les qualités, les modifications de ces corps, leurs manières d'être par rapport
à nous ; et c'est tout ce que nous pouvons en
connaître. L'essence intime et réelle des corps
nous échappera toujours; de quelque manière que
nous les décomposions, ils ne présenteront jamais
que des parties dont chacune sera un corps ayant
ses qualités, ses modifications; ce corps lui-même
sera donc encore divisible en d'autres parties; et
cela indéfiniment, jusqu'à ce que leur ténuité
empêche de les soumettre à l'analyse. Mais lorsque l'analyse n'est plus possible, ce n'est pas une

preuve qu'on soit arrivé aux derniers élémens. Des particules, imperceptibles à l'œil nu, deviennent visibles par l'interposition du verre, et ces instrumens si perfectionnés de nos jours, peuvent l'être encore davantage. Nos connaissances sur les corps peuvent donc augmenter sans cesse, mais sans jamais atteindre leur essence (17).

Si les sens sont des moyens nécessaires et indispensables pour connaître, l'individu privé d'un ou de plusieurs sens, ne recevant pas les impressions relatives à ces organes, n'aura jamais les connaissances qui en dépendent : jamais le sourd, ni l'aveugle, ne comprendront les théories du son et de la lumière. Si, sans être entièrement privé de ces organes, l'individu les avait faibles, l'impression mal reçue ne donnerait qu'une faible sensation et par-conséquent une idée très-obscure.

Par la raison contraire, un sixième sens donnerait à celui qui en serait doué, des sensations d'une autre espèce, et par là même des connaissances supérieures à celles que nous avons. Il est de fait qu'en général une organisation plus heureuse nous fait mieux sentir et nous prépare à mieux penser.

Il ne faut cependant pas croire que la nature seule puisse donner aux sens toute leur perfection; il la doivent en grande partie à l'exercice.

Développement naturel de la faculté de sentir, aidé et assuré par l'exercice.

Le développement et l'exercice des sens, commence avec la vie; mais alors leur usage est bien peu assuré, leurs rapports sont bien vagues et bien incertains, et cela doit être pour deux raisons. La première, c'est qu'alors les organes n'ont, ni assez de force, ni assez de souplesse, pour recevoir, soutenir et transmettre les impressions. La seconde, c'est qu'il n'y a que l'habitude et l'expérience qui puissent nous apprendre à la longue à mettre de l'accord entre toutes ces impressions qui nous arrivent à la fois et par tous les sens. Le sourd, dont l'oreille s'ouvrirait tout-à-coup, serait probablement étourdi par des sons qui ne feraient qu'une impression légère sur un organe exercé. L'aveugle auquel on rend la lumière, a besoin de s'y accoutumer peu-à-peu; les objets ne lui paraissent, ni à la distance, ni de la grandeur sous lesquelles nous les voyons, et il lui faut bien du tems pour accorder ce que la vue lui dit des corps, avec ce que le toucher lui en rapporte.

Ainsi la faculté de sentir ne se développe que lentement. Tandis que la nature, par des accroissemens progressifs, conduit les organes à leur perfection, un exercice continuel, des comparaisons fréquentes, peuvent seuls leur donner de la précision et de la justesse. On peut observer dans l'enfant comment se fait cet apprentissage.

D'abord une immobilité qui n'est interrompue que par les cris du besoin, annonce l'inaction de la faculté sensitive. A ce sommeil des sens succèdent quelques mouvemens incertains occasionnés par des impressions qu'il ne sent encore que confusément. Peu-à-peu, le retour des mêmes impressions, les rend plus sensibles. Bientôt on voit l'enfant s'occuper de ces impressions, diriger ses organes vers les objets qui les lui ont données; passer rapidement de l'un à l'autre, ou quelquefois se fixer attentivement sur un seul, selon la force ou la nature de l'impression : car alors c'est uniquement à l'impréssion qu'il obéit; il n'a pas plus de desir et de volonté proprement dite, que d'idées et de connaissance.

La même chose arriverait à l'individu qu'on aurait tenu isolé et sans communication avec les objets extérieurs : si tout-à-coup, avec des organes développés, il se trouvait assailli de toutes les impressions de la part des corps qui l'environnent, il ne sentirait pas plus que l'enfant, et il faudrait qu'il fît, comme lui, l'apprentissage de tous ses sens (18).

Pour se convaincre encore mieux de la perfection que l'exercice donne aux sens, on peut observer quelle supériorité acquièrent ceux que nous exerçons plus que les autres. L'aveugle, privé d'un des principaux moyens de sentir, y supplée par l'extrème finesse du tact et par la délicatesse de l'ouïe. La justesse du coup d'œil est surprenante chez ceux qui se sont accoutumés à juger de cette manière les distances. L'oreille du musicien, exercée à tous les tons, en saisit les plus légères nuances avec une précision qui étonne : son œil, sa main, aussi sûrs que rapides, parcourent en même tems les signes et les instrumens de son art. Il semble que l'industrie humaine ait multiplié les sens naturels; tant elle a varié et étendu leur usage ! Ceci se concevra plus facilement, quand on aura vu que, si l'action et le développement naturel des sens nous conduisent à penser, la pensée, à son tour, quand elle est un peu perfectionnée, nous aide à mieux sentir. En effet, l'animal, et l'homme, quand il ne pense pas, ne saisissent dans une sensation que ce rapport général que l'impression a avec l'organisation; ils ne l'analysent que grossièrement, et précisément autant qu'il faut pour le besoin actuel : ils sont uniquement passifs. Mais l'homme qui pense ne se contente pas de ces ébauches informes ; il interroge en quelque sorte les objets, il les pénètre en tous sens ; et par ce moyen il fait des analyses plus exactes et plus instructives. On voit que, quoique ce soient toujours les mêmes instrumens, cette manière de sentir est de beaucoup supérieure à l'autre.

Définition de la Sensation.

Quand on a bien distingué l'être auquel appartient la faculté de sentir, les organes par lesquels elle s'exerce, les objets propres à agir sur ces organes,

on sait ce que c'est que sensation, et on la conçoit comme la modification d'un être sensible,
occasionnée par l'impression que les objets font
sur les organes.

1.º C'est une modification, une manière d'être
en vertu de laquelle nous avons un sentiment, une
connaissance que nous n'avions pas auparavant.

2.º Cette modification ne peut être reçue que
dans un être sensible, c'est-à-dire, doué de la
faculté de saisir les rapports entre les objets et les
organes du corps.

3.º Cette modification est l'effet composé et de
l'impression faite par les objets et d'une certaine
disposition d'organes : car, sans impression étrangère, l'organe n'a rien à transmettre ; sans organe, ou avec un organe altéré, l'impression n'est
pas reçue, ou elle l'est mal.

La sensation est donc distinguée de l'être sensible, dont elle n'est qu'une nouvelle manière
d'être ; elle l'est de l'organisation, qui n'en est
que le moyen ; enfin elle l'est encore plus de
l'impression ou de l'action de l'objet qui en est
l'occasion (19).

De l'Attention.

Si-tôt que les objets agissent sur les organes,
ces organes fussent-ils peu développés ou mal
exercés, il y a des sensations, mais vagues, faibles, confuses. En se développant, en l'exerçant,

l'organe devient propre à rendre, d'une manière plus nette et plus précise, les impressions qu'il reçoit.

Mais de plus, il faut, de la part de l'être sensible, ce qu'on a nommé *attention*. Qu'est - ce que cette attention, et comment peut-elle être excitée (20)?

Environné des objets extérieurs, le corps organisé en reçoit à-la-fois une multitude d'impressions. Parmi ces impressions, il en est qui l'emportent sur les autres, qui sont plus fortes, plus durables, plus souvent répétées, plus convenables à la structure de l'organe, ou plus appropriées à une certaine disposition de l'ame. C'est toujours une ou plusieurs de ces causes qui déterminent l'attention : elle est, de la part de l'être sensible, la direction des facultés vers l'objet qui a fait impression. L'impression sur laquelle l'attention se fixe, fait seule sensation.

Si l'attention, dans les commencemens, paraît presque toute physique et uniquement déterminée par l'impression, elle ne tarde pas long-tems à être à la disposition de l'ame qui s'habitue à la diriger à son gré, à la partager même entre plusieurs objets : par - là, elle peut avoir plusieurs sensations à-la-fois, les comparer, les mieux sentir, les retenir quand l'impression a cessé.

Ainsi, pour estimer la sensation, il faut tenir compte et de l'impression et de l'attention.

1.º L'impression forte produit naturellement une de ces sensations vives auxquelles l'ame est toute entière, dont elle a un sentiment net, une connaissance bien caractérisée, un souvenir long et distinct. Par impression forte, il faut entendre seulement celle qui reste en proportion avec la structure de l'organe : la violence de l'impression empêche souvent de la sentir; et ce n'est que quand l'organe se rétablit du choc, que la sensation commence.

Il y a aussi des impressions fortes qui ne font pas sensation : cela a lieu quand un autre objet s'est déjà emparé de l'attention. Quelquefois aussi une impression forte, à laquelle on est accoutumé, n'est pas si bien sentie qu'une impression plus faible, mais nouvelle.

2.º Les impressions médiocres et ordinaires sont plus ou moins remarquées, à raison de l'attention qu'on leur donne.

3.º Quant aux impressions extrêmement faibles, il faudrait la plus grande attention, pour qu'elles fussent senties; et si elles arrivent jusqu'à l'ame, elles ne lui présentent rien de net et qui puisse laisser une trace sensible de leur existence. C'est à cette sorte de sensations, qu'il faut attribuer la plûpart de ces perceptions obscures, de ces idées vagues et peu déterminées, que nous cherchons quelquefois à resaisir, mais que nous ne pouvons ni retrouver, ni démêler, parce qu'elles n'ont jamais été bien claires dans la sensation.

De quelques erreurs apparentes attribuées aux sensations.

Comme la sensation a lieu par le moyen des organes, et à l'occasion des objets extérieurs, il en résulte quelques faux jugemens qu'il est facile de rectifier (21).

Nous rapportons la sensation à l'organe, à la partie du corps sur laquelle l'impression se fait : nous croyons, par exemple, que la douleur est dans la main que nous approchons d'un feu ardent. Ce jugement peut être naturel, ou seulement l'effet de l'habitude ; mais quelle qu'en soit la cause, cette espèce d'erreur était nécessaire à notre conservation, puisque sans elle nous ne saurions pas quelle partie de notre corps est en danger et doit être promptement soustraite à une impression trop forte.

Nous sommes également portés à croire qu'il y a dans les objets extérieurs quelque chose de semblable à la sensation qu'ils occasionnent. Mais la chaleur, l'odeur, la saveur ne sont pas plus dans ces objets que dans les organes : dire que le feu a de la chaleur, la rose de l'odeur, c'est dire que tel corps est propre à produire sur les organes une impression à la suite de laquelle il y a telle sensation.

Division des sensations en représentatives et en affectives.
Causes physiques de cette différence.

Il y a des sensations d'autant d'espèces différentes, qu'il y a d'organes des sens. Mais une distinction plus essentielle, qui explique l'origine de l'entendement et de la volonté, est celle qui range les sensations en deux grandes classes ; les unes *représentatives*, les autres *affectives*.

On appelle représentatives les sensations qui sont accompagnées de l'image des objets qui les ont produites : nous les devons exclusivement au toucher et à la vue qui seuls sont propres à nous instruire de la figure des corps, c'est-à-dire, de la disposition des parties extérieures. Toutes nos idées proprement dites sont dans ces sensations.

Il n'en est pas de même des sensations qui nous arrivent par l'odorat, le goût et l'ouïe : elles ne nous présentent point d'images ; et si quelquefois l'odeur de la rose nous en rappelle l'idée, c'est que cette idée nous avait déjà été fournie par une sensation représentative. On appelle affectives ces sensations, parce que leur seul effet n'est qu'une affection plus ou moins remarquée, et qu'elles ne nous sont connues que par-là.

Une sensation représentative peut aussi être affective, parce que l'impression peut en être agréable ou désagréable.

Cette différence entre les sensations représen‑
tatives et affectives s'explique très‑naturellement;
elle tient à la manière dont les objets font im‑
pression, et à celle dont les organes la reçoivent.

Les parties qui s'exhalent des corps odorans
viennent successivement frapper l'organe ; elles
n'agissent pas toutes ensemble, ni dans la même
disposition qu'elles avaient dans les corps. Il en
est de même pour les sons et les saveurs. Il
ne peut donc y avoir de représentation , de figure,
d'image.

Mais quand la main s'applique à un corps, tou‑
tes les parties extérieures de ce corps font en
même‑tems impression sur l'organe qui les tou‑
che; et de plus, elles agissent suivant l'ordre de
disposition qu'elles ont entr'elles : alors il y a
représentation. Également, quand la vue se fixe
sur un objet, toutes les parties de l'objet frap‑
pent en même‑tems l'organe, et cette impres‑
sion simultanée produit la peinture ou l'image.
Cela est si vrai, que si, par le toucher ou par
la vue, on ne recevait que successivement l'im‑
pression de chaque partie, jamais on n'aurait l'image
totale.

Ainsi, dans la sensation représentative, les im‑
pressions partielles sont liées comme les parties
le sont dans l'objet. Dans la sensation affective,
elles sont détachées : les premières agissent toutes
ensemble; les autres n'arrivent que successivement.

Les organes du toucher et de la vue sont propres, par leur construction, à saisir la disposition extérieure, la figure des corps; les organes des trois autres sens n'ont, dans leur structure, rien qui soit relatif à la figure des corps et qui puisse nous en livrer l'image.

Ces images inséparables de la sensation représentative sont nos premières idées; idées sensibles et physiques qui, par leur clarté, fournissent à l'esprit la matière d'une opération facile. Ici commence l'entendement humain; en même - tems qu'il se développe en travaillant sur ces premières idées, la volonté se forme par les sensations affectives (22).

Des Affections.

Affection se conçoit mieux par les effets, qu'il ne s'explique par des mots. A l'occasion de l'impression faite par l'objet sur l'organe, l'ame peut être affectée de deux manières générales. Si l'impression est proportionnée à la structure de l'organe, la sensation est agréable, il y a *plaisir*. Si l'impression blesse, dérange, fatigue l'organe, la sensation est pénible, désagréable; ce que l'ame éprouve, se nomme *douleur*. Ces deux affections primitives sont, comme les images, l'effet immédiat du rapport entre l'organisation et l'impression.

L'organisation restant la même et l'impression augmentant en force, l'affection devient de plus en plus agréable. Mais il est un point où l'impression commence à fatiguer l'organe ; là commence la douleur, dont le premier degré touche quelquefois immédiatement au dernier degré du plaisir.

L'impression restant la même de la part de l'objet, mais l'organisation étant changée, l'affection, qui eût été agréable avec une autre disposition d'organes, devient douloureuse; et réciproquement.

Plaisir et douleur sont donc des états relatifs, qui n'ont rien d'absolu, rien de fixe, et qui dépendent d'un rapport qui peut varier sans cesse.

Il suit de-là, disent quelques métaphysiciens, que, si l'ame n'éprouvait jamais que la même sensation, elle n'y trouverait ni plaisir, ni douleur; elle ne desirerait pas d'être mieux, elle ne craindrait pas d'être plus mal; uniquement passive, elle ne distinguerait pas cette sensation d'elle-même.

Mais si-tôt qu'elle a éprouvé plusieurs sensations, elle en sent naturellement la différence, elle les compare; elle en observe les nuances, la succession; elle s'apperçoit qu'elles lui viennent à l'occasion des objets extérieurs.

Passions naturelles et factices. Comment elles contribuent au développement des facultés intellectuelles.

Dès que l'ame rapporte la cause de ses sensations aux objets extérieurs, il est naturel qu'elle se porte avec ardeur vers ceux qui lui en donnent d'agréables, et qu'elle s'éloigne de tout son pouvoir de ceux qui lui en occasionnent de douloureuses. On a nommé *amour* et *haine* ces deux mouvemens, passions primitives d'où découlent toutes les autres qui n'en sont que des espèces. Ainsi, par exemple : la crainte et l'espérance sont des mouvemens par lesquels l'ame se porte en idée vers un objet, ou s'en éloigne, à raison des affections qu'elle a éprouvées et dont elle voit le retour possible.

Il y a une différence entre l'affection et la passion. L'affection est passagère et momentanée, comme la sensation. La passion, au contraire, est durable ; elle devient une habitude permanente de l'ame, lorsque l'entendement déjà un peu développé peut voir l'avenir dans le souvenir du passé.

Les passions restent pures et bonnes, tant qu'elles ne sortent pas des limites que la nature leur prescrit ; alors elles n'ont pour objet que le bien-être et la conservation de l'individu : c'est *l'amour de soi*. Dans l'état de société, elles changent d'objet, s'exaltent, se dépravent ; car, aux besoins physiques ont succédé les besoins factices, et les besoins factices font naître *l'amour-propre*, sentiment injuste et exclusif par lequel on s'isole, et on continue à se regarder comme tout, quand on n'est plus que partie. Diriger vers le bien de tous les passions factices, comme les passions naturelles sont dirigées vers le bien-être de l'individu, c'est le principe essentiel de cette partie de la morale qui traite des devoirs de l'homme envers les autres (23).

Les passions une fois développées donnent bien plus d'activité aux facultés intellectuelles; elles sont un des plus puissans motifs que nous ayons pour connaître, puisque, dans l'examen que nous faisons des choses, c'est d'abord par leurs rapports à nous que nous les envisageons. Il est vrai qu'elles contribuent quelquefois à égarer le jugement. Mais aussi, leur énergie bien ménagée, dirigée sagement, donne à la volonté une plus grande force, sans ôter à l'entendement l'attention qui lui est nécessaire pour bien faire ses opérations.

En résumant ce qu'on vient d'observer sur les développemens de la faculté de sentir, on trouve :

1.º Que les organes des sens sont propres à recevoir, de la part des objets extérieurs, des impressions relatives à la structure de chacun d'eux;

2.º Que ces impressions transmises jusqu'à l'ame déterminent l'exercice de la faculté et produisent les sensations;

3.º Que les sensations donnent, d'une part,

les

les affections et les passions ; de l'autre, les idées premières ou images des objets.

Sentir est donc, dans l'homme, antérieur à toute pensée ; la matière de nos premières opérations est dans la sensation, et c'est en donnant à cette matière de nouvelles formes, que nous sortons du cercle étroit dans lequel des besoins et des facultés purement physiques retiennent les autres animaux. Il fallait donc remonter jusqu'aux sens, pour trouver le principe ou le commencement des opérations qui forment la pensée.

Cet apperçu général sur les premières opérations de l'homme et sur les instrumens qu'il y emploie, prouve que l'organisation a une très-grande influence sur l'exercice des facultés intellectuelles ; et il est de fait que ces facultés agissent avec plus ou moins de facilité, en raison d'une disposition plus ou moins heureuse d'organes ; il semble que l'esprit suive les mêmes gradations que le corps, qu'il croisse, se fortifie, s'affaisse avec lui (24).

Système de la Sensibilité physique.

Cette sorte de dépendance a donné lieu à quelques philosophes de croire qu'il n'y a dans l'homme, d'autre cause de la pensée, qu'une sensibilité purement physique ; que cette sensibilité plus exquise chez les uns, plus grossière chez les autres, fait l'inégalité des esprits ; que l'instinct des

animaux n'est inférieur à l'intelligence humaine,
que parce que, chez eux, l'organisation est moins
parfaite, etc.

Le système de la sensibilité physique est exposé dans le livre de l'*esprit*, où *Helvétius*, sans
combattre directement la spiritualité de l'ame, in-
sinue assez ouvertement qu'elle n'est point nécessaire pour expliquer les opérations intellectuelles;
la faculté de sentir pouvant être commune à
tous les corps, quoiqu'elle ne se manifeste que
dans ceux qui sont organisés (25).

Trois principes, posés sans preuves, et dont
le dernier seulement est légèrement discuté, font
tout le système d'*Helvétius*.

1.º Il y a dans l'homme deux facultés, deux
puissances passives : la *sensibilité physique*, faculté de recevoir les impressions faites par les
objets; la *mémoire*, faculté de conserver ces impressions, et qui n'est autre chose qu'une sensation continuée, mais affaiblie.

2.º Par cette définition de la mémoire, il se
trouve qu'elle n'est qu'un organe de la sensibilité physique, et que se ressouvenir n'est proprement que sentir.

3.º Il n'y a également que de la sensibilité dans
le jugement : car le jugement ne peut être que
la comparaison des sensations qu'on éprouve ac-

tuellement, ou dont la mémoire a conservé le souvenir. Ainsi juger n'est que sentir. Et comme toutes les autres opérations se rapportent au jugement et qu'elles ne se font que pour lui, l'homme, qu'il pousse ses connaissances aussi loin qu'il pourra, ne fera jamais que sentir; sa pensée n'aura rien d'intellectuel, elle ne sera qu'un jeu de l'organisation.

Voyons maintenant en quoi nous différons d'Helvétius.

Comme lui, nous partons de la sensation et nous la regardons comme le premier pas vers la connaissance; mais, chez lui, la sensation n'est que dans les organes ou dans la mémoire ; pour nous, elle est la modification d'un être différent du corps.

Nous convenons que, pour se ressouvenir et pour juger, il faut d'abord avoir senti ; mais de ce que les sens sont un instrument nécessaire, il ne s'ensuit pas que seuls ils suffisent.

En général, nos jugemens roulent plutôt sur des idées, que sur des sensations. Les idées naissent des sensations, il est vrai ; mais elles ne sont pas pour cela des sensations : on ne voit pas comment la sensibilité physique seule, qui ne reçoit que des impressions, en pourrait tirer des idées intellectuelles qui sont en si grand nombre et d'ailleurs si abstraites.

4 *

Enfin, en admettant que nos jugemens ne tombent jamais que sur des sensations, il serait encore impossible d'expliquer l'acte du jugement. Car la sensibilité physique ne peut être toute entière dans chaque organe, et chacun d'eux n'éprouve que l'impression qui lui est relative; un organe seul ne juge donc pas, c'est-à-dire, ne peut pas comparer deux sensations d'espèces différentes. Réunis, les organes ne jugeront pas davantage : chacun d'eux n'a alors que la même part de sensibilité qu'il avait seul et isolé. Il faut donc admettre au-delà des organes quelque chose d'unique, pour comparer; sur-tout quelque chose d'actif, puisque les sensations, telles qu'elles nous arrivent par le moyen des organes, ne sont que des connaissances très-grossières et très-informes en comparaison des idées que l'esprit se fait dans la suite : progrès impossible de la part d'une puissance qui serait purement passive.

En traitant ce qui a rapport à la sensation, nous n'avons considéré que les développemens de la faculté de sentir, et nous avons écarté tout ce qui appartient à la pensée. Il ne faut cependant pas croire que l'esprit, pour commencer ses opérations, ait besoin que les sens ayent acquis, par l'exercice et l'habitude, toute la précision nécessaire. Toutes nos facultés s'exercent en même tems, elles influent l'une sur l'autre, et leurs progrès sont parallèles. Dès qu'il y a impression, il y a sensation; dès qu'il y a des sensations, il y a des affections et des idées, des comparaisons et par conséquent des jugemens et des raisonnemens proportionnés à ces faibles connaissances. C'est la nature qui nous suggère toutes ces opérations; dans les commencemens, elles se font sans que nous les remarquions encore; elles sont embarrassées, compliquées, confuses. Pour penser, dans la vraie signification de ce mot, il faut que l'esprit démêle par l'analyse les élé_mens confondus dans la sensation. C'est ce travail lent et presqu'insensible que nous avons à exposer dans l'idéologie (26).

ARTICLE SECOND.

IDÉOLOGIE.

Tout est dans la sensation. *Sentir* serait déjà *penser*, si, pour penser, il ne fallait que saisir les rapports naturels des objets à nous. Tout animal pense de cette manière, et ce n'est que dans ce sens qu'il faut entendre ce passage de Condillac : *tout animal qui a des sensations, a la faculté de juger.* Mais si, par penser, on entend analyser la sensation, voir distinctement les parties, les élémens qu'elle n'offre que mêlés et confondus, tirer, de cette analyse, des moyens de la faire toujours mieux et plus exacte ; alors le mot *penser* désignera une faculté différente ; ou bien, si l'on voulait que ce fût toujours la faculté de sentir, il faudrait convenir qu'elle est portée, dans l'homme, à un degré si éminent, qu'on ne pourrait pas dire que tout animal qui a des sensations, pense comme l'homme et fait les mêmes opérations (27).

La pensée, prise de cette manière, a ses commencemens, ses progrès, ses formes différentes. C'est ce développement dont s'occupe l'idéologie ; partie essentielle et commune à l'art de penser et à celui de parler ; puisque la connaissance d'une langue suppose qu'on connaît le rapport des idées aux signes; et que les opérations de l'esprit dans les sciences roulent sur des idées qui ne sont jamais distinctes, qu'autant qu'on peut en suivre la génération (28).

Par *génération des idées*, on entend, en métaphysique, les formes successives que prennent dans l'esprit les idées simples où les perceptions contenues dans la sensation. Comme ces formes sont des nuances légères, et que l'esprit, par l'habitude et par le moyen des signes, parvient à les concevoir et à les combiner très-promptement, il est assez difficile d'en suivre la succession. Pour la mieux marquer, on a désigné ces formes par des noms différens; mais c'est toujours la même faculté qui agit; c'est toujours la pensée plus ou moins développée (29).

Que faut-il entendre par idées? quelle est leur origine? quelle est leur succession naturelle, l'ordre de leur génération? comment se fixent-elles dans l'esprit? quelle est leur division? quelles qualités doivent-elles avoir? quels sont les défauts qui se glissent ordinairement dans leur formation?

Cette série de questions renferme tout ce qu'il est nécessaire de savoir sur les idées.

Différence entre perception et idée.

Le mot *idée* signifie littéralement, dans la langue d'où nous l'avons tiré, l'image, la représentation d'un objet, telle qu'elle est produite par une sensation représentative. Ces premières images fournissent à l'esprit la matière de ses opérations, de ces qualités, de ces modifications abstraites auxquelles on a donné, par analogie, le nom d'idées : cette analogie est très-juste et très-naturelle, puisque ces abstractions prennent, dans l'esprit, des formes intellectuelles aussi déterminées, aussi distinctes, que peuvent l'être celles des idées ou images proprement dites.

Ainsi, on dira les idées de *blancheur*, *vertu*, *bonté*, *esprit*, *dieu*, etc.; parce que chacune de ces formes, de ces conceptions intellectuelles, présente à l'esprit un objet aussi distinct, que l'idée ou l'image d'un objet physique est claire par la perception de toutes ses parties.

Il faut observer que, dans les langues, les mots *maison*, *animal*, *chien*, etc., n'expriment pas plus des idées d'objets physiques, que *blancheur*, *vertu*, *justice*, etc... L'idée abstraite *maison* est bien différente de l'image ou représentation que la vue de telle maison produirait. De-là, une distinction essentielle entre les images ou affections, telles qu'elles sont dans la sensation, et les idées intellectuelles que nous en formons : les premières sont l'effet immédiat de la sensibilité; les autres sont le produit du travail de l'esprit. Pour indiquer cette différence, on emploie le mot *perception*, qu'on applique à l'affection et à l'image ou idée première contenues dans une sensation. Le mot *idée*, pris dans un sens restreint, ne se dira que des modifications abstraites, des classes, des genres, des espèces et de toutes ces formes intellectuelles sous lesquelles l'esprit apperçoit tout ce qui peut être l'objet de ses opérations.

Il suit de là que la perception du même objet varie d'une infinité de manières : car, comme elle dépend de la sensibilité, elle en suit toutes les nuances. L'idée proprement dite, au contraire, a toujours, dans l'esprit, quelque chose de fixe et de constant, et il la voit toujours sous la même forme générale et déterminée. Il y a autant de perceptions différentes de *blanc*, qu'on verra d'objets qui auront la blancheur, ou qu'on verra de fois le même objet; et il n'y a qu'une idée générale de *blancheur*.

Origine des idées.

La même difficulté qu'on a à concevoir comment les impressions faites sur les organes sont transmises à l'ame, se reproduit quand il s'agit de l'origine des idées. Ce qu'il y a de sûr, c'est qu'on ne peut assigner aucune notion antérieure aux affections et aux images que la sensation amène : c'est donc à ces premières perceptions, que commence la chaîne des opérations de l'esprit ; mais principalement aux images ou représentations, parce qu'elles offrent quelque chose de plus net, de plus distinct, que les affections.

Génération des idées.

Pour bien suivre la génération des idées, il faut se rappeler ce que nous avons dit de la sensation et de l'attention.

1.º Il est de fait que, tant que l'objet physique est présent, il y a image ou affection.

2.º Il est également de fait que, plus l'attention est forte et soutenue, plus l'image est claire et exacte, et l'affection vive et durable.

3.º On peut concevoir que la répétition fréquente de la même sensation, en donnant à l'organe une disposition habituelle, prolonge la durée des images et des affections au-delà de celle des impressions physiques pour lesquelles l'action et la présence de l'objet sont nécessaires : cela est incontestable pour les affections, qui subsistent long-tems après que l'impression a cessé ; et comme il y a aussi quelque chose de physique dans les images, la cause qui les produit, peut agir d'une manière aussi durable.

D'autres objets donnent d'autres images, d'autres affections ; et il semble que, dans les commencemens sur-tout, elles doivent faire disparaître les premières, parce que l'attention se porte naturellement sur les impressions nouvelles ou plus vives. Cependant, peu-à-peu l'attention doit se partager entre plusieurs images ; et cela est d'au-

tant plus facile, que les objets ou leurs impressions sont alors en petit nombre, que ces impressions nous deviennent très-familières par leur répétition continuelle ; que, liées à notre état habi-
tuel et à nos besoins, elles font en quelque sorte
partie de nous-mêmes et s'identifient avec tout
notre être sensible.

On appellera, si l'on veut, *contemplation*, cette
attention intérieure que l'esprit donne naturellement à ces premières idées : elles sont la matière
première de la pensée, le passage naturel, de la
sensation, aux idées intellectuelles; car, d'un côté,
elles tiennent aux impressions sensibles qui les
ont produites; de l'autre, aux idées abstraites que
nous allons voir s'en former (30).

Tout ce qui tient immédiatement à la sensation, est apperçu, saisi, sans le secours des signes : chaque affection, chaque image est une perception simple, individuelle, qui ne peut être re-
produite que par la même impression, la même
sensation qui l'a déjà donnée. De cette manière,
on pourrait avoir successivement la perception de
tous les objets, sans connaître, sans penser. Ce
n'est qu'en comparant, qu'on commence à penser. Or, soit qu'on suppose que nous pouvons
avoir deux ou plusieurs perceptions à la fois par
voie de sensation, soit qu'on dise que deux ou
plusieurs images peuvent être présentes ensemble
à l'esprit par la contemplation, de quelque ma-

nière que cette présence ait lieu, elle amène nécessairement la comparaison ; et il est impossible qu'en voyant ses perceptions, l'esprit n'apperçoive pas entr'elles des ressemblances et des différences. Comparer, saisir des ressemblances et des différences, c'est déjà *juger* ; mais comme cette opération est encore trop près de la sensation, on ne donne le nom de jugement proprement dit, qu'à la comparaison qui se fait d'idées acquises par *abstraction* et par *réflexion*. C'est par ces deux formes que nos perceptions achèvent de se dégager de la sensation, et qu'à l'aide des signes ou mots, elles vont former un système intellectuel qui n'aura plus rien de commun avec les sens et qui se soutiendra sans eux, quoiqu'ils en ayent donné les matériaux, les élémens.

La perception d'un objet, d'un arbre par exemple : se présente comme une seule image ; mais dans cette image, il y a plusieurs parties dont chacune prise séparément est elle – même une perception ; un tronc, des branches, des feuilles etc. Une seule de ces parties peut encore fournir d'autres divisions : une feuille présente telle couleur, telle forme. Fixer l'attention sur une branche, sur une feuille, sur la couleur ou la forme de cette feuille, c'est abstraire ou détacher de la perception totale de l'arbre celle d'une de ses parties, ou celle d'une qualité ou modification qui appartient à une de ces parties. Voilà une analyse commencée par les sens, une sorte d'abstraction naturelle et physique qui, pour devenir intellectuelle, n'a plus besoin que des signes.

On sent qu'il est impossible de donner un signe, un nom à chaque objet, à chaque perception ; et si l'on supposait que les hommes ont d'abord essayé ce moyen, il est clair qu'ils ont bientôt dû l'abandonner. Il y en avait un plus simple ; c'était de ranger sous la même dénomination toutes les perceptions semblables, d'appeler *arbre* tous les objets nouveaux auxquels on trouvait des rapports avec le premier objet ainsi nommé,. etc. Voilà certainement les premières idées abstraites, les premières dénominations communes auxquelles l'esprit rapporte chacune de ses perceptions simples, de ses idées individuelles, à mesure qu'elles lui arrivent. En même-tems que les idées se dégagent de la sensation, les signes, de naturels qu'ils étaient, commencent à devenir artificiels. Ce travail, très-imparfait dans les commencemens, ne reçoit toute son exactitude, que quand il y a assez d'observations et de comparaisons, pour assigner à chaque classe d'idées son caractère propre et distinctif.

Si-tôt qu'il y a déjà quelques idées communes et des signes convenus, il est aisé de faire des abstractions des qualités ou modifications, de les fixer et de les faire subsister par des signes. Sans doute, on aura commencé par les qualités sensibles, celles qu'on remarque dans les images des objets. Les affections, les passions et les autres états ou habitudes de l'ame auront été rangés de même sous des dénominations générales. Enfin, on aura fait de même les idées de *vertu*, *bonté*, *justice*, qualités morales, communes à plusieurs individus, à plusieurs actions, comme *blancheur*, *rondeur*, *dureté* sont des qualités physiques et sensibles, communes à plusieurs objets dont nous les avons détachées.

C'est donc par l'abstraction, que ce qui n'était d'abord soumis qu'à la faculté de sentir, peut être mis à la portée de l'esprit. C'est également par l'abstraction, qu'on peut faire ces collections régulières et complètes qu'on appelle langues. Dans un sens, on pourrait dire que l'abstraction est une preuve de la faiblesse de l'intelligence humaine : un être moins borné dans ses facultés connaîtrait les choses en elles-mêmes; tandis que nous ne pouvons saisir que des rapports. Mais d'un autre côté, on ne peut qu'admirer l'excellence de l'esprit, lorsqu'on le voit élever, sur cet ordre physique et sensible, un ordre intellectuel; tirer de perceptions isolées et individuelles toutes ces classes, ces divisions artificielles qui, en lui présentant clairement et facilement ses connaissances, lui donnent les moyens de les étendre de plus en plus (31).

Lorsque l'esprit a distribué ses idées en classes, et qu'il a des idées abstraites de qualités ou

modifications , il peut juger , c'est-à-dire, affirmer qu'une qualité convient ou ne convient pas à
un objet ; *la vertu est aimable, le feu est ardent :*
ou qu'un individu est de telle espèce, une espèce
de tel genre ; *cette figure est un cercle , l'homme
est un animal.* Ce sont là de vrais jugemens, des
connaissances qui appartiennent à l'esprit, et dans
lesquelles les sens n'ont plus aucune part, puisque la matière de ces jugemens est dans les idées
abstraites faites par l'esprit.

La comparaison que le jugement exige n'est
pas toujours prompte et facile : il faut alors que
l'esprit examine attentivement les idées, qu'il les
analyse, qu'il revienne sur les opérations par lesquelles il les a formées, qu'il rapproche ses abstractions, des perceptions simples, des sensations.
Ce travail a été nommé *réflexion*, mot qui exprime d'une manière assez sensible l'acte par lequel l'esprit va, revient d'une idée à une autre,
se place à différens points de vue pour mieux appercevoir les rapports.

La réflexion une fois formée découvre à l'esprit une foule d'idées nouvelles, des rapports plus
compliqués, plus éloignés, plus abstraits. C'est la
réflexion qui complète le système intellectuel, lorsqu'embrassant une suite d'idées et de jugemens,
elle apperçoit dans leur liaison de nouveaux rapports et de nouveaux jugemens , que des comparaisons ordinaires et isolées n'auraient pas pré-

sentés à l'esprit : c'est elle qui amène le raisonnement.

Telle on peut concevoir la génération des idées,
la suite des opérations par lesquelles se développe et se forme l'entendement. D'abord l'impression faite sur les sens provoque l'attention.
L'attention donnée à l'impression fait la sensation.
La sensation contient les perceptions ou les affections et les images. De ces images et de ces
affections, l'abstraction compose des idées intellectuelles. La comparaison découvre entre ces idées
des rapports que la réflexion étend, vérifie, combine de mille manières : de-là, les vérités ou
les connaissances qui étant liées dans un certain
ordre font la science, dernier degré de perfection
de l'entendement humain (32).

Réminiscence, Mémoire et Imagination.

En exposant la génération des idées, nous avons
vu comment une opération en amène naturellement une autre. Ce progrès suppose que les premières connaissances que l'esprit acquiert, il peut
les retenir et les fixer : sans cela, asservi aux
impressions du moment, il verrait disparaître
ses idées, à mesure que le mouvement continuel
et rapide des objets qui nous entourent, lui four-
nirait la matière d'un nouveau travail. Cependant, il est de fait que l'esprit retient et fixe ses
idées, qu'il les voit dans une certaine liaison,

qu'il

qu'il se rappele les opérations les plus longues et
les plus compliquées ; que, dans une foule de
connaissances différentes, il parvient à démêler
facilement toutes celles qui appartiennent au même
objet, à la même science. D'où vient à l'esprit
cette facilité prodigieuse qu'on appelle *mémoire ?*
Est-elle une faculté différente? Pourquoi est-elle
si sûre, si prompte chez les uns, si lente, si
incertaine chez les autres? On répond à ces questions, en exposant comment se forme la mémoire, qui n'est point une faculté différente, mais
qui est tout simplement le résultat des opérations
dont nous avons observé la chaîne.

Il faut d'abord distinguer ce qu'on appele proprement mémoire, de ce qui n'est que simple
réminiscence. Il y a réminiscence, quand nous
reconnaissons, pour l'avoir déjà éprouvée, une
perception que nous avons actuellement. La réminiscence tombe donc sur les sensations et sur
les effets qu'elles produisent immédiatement dans
l'ame, tels que les affections et les idées premières : c'est une comparaison naturelle entre des
impressions semblables, qui dépend uniquement de
la faculté de sentir ; elle n'a pas besoin de signes ; elle est isolée et individuelle ; et on ne peut
pas plus se donner une réminiscence, qu'une
perception. C'est à la réminiscence qu'il faut attribuer ces actions qui, chez les animaux, paraissent approcher si fort du jugement et de la
réflexion : pour l'être sensible, et relativement à

sa conservation, la réminiscence est aussi nécessaire, que peut l'être la mémoire pour le plein
exercice de la pensée.

La réminiscence ainsi caractérisée, il est aisé
de concevoir l'origine de la mémoire.

Non-seulement les opérations de l'esprit se succèdent, mais encore elles se suivent dans un ordre si naturel, que l'une prépare à l'autre et la
rend plus facile : les mêmes objets donnent les
mêmes sensations, les mêmes idées ; les mêmes
idées offrent les mêmes rapports, les mêmes abstractions; nous en portons les mêmes jugemens,
nous en formons les mêmes raisonnemens. Par
ce moyen, il s'établit entre ces opérations une
liaison, une chaîne d'autant plus forte, que l'attention a été plus soutenue, et l'ordre plus exact
et plus naturel. C'est cette chaîne d'idees qu'on
appelle *mémoire* ; elle consiste en ce que l'esprit
répète ses opérations dans le même ordre qu'il
a suivi pour les faire autrefois.

La mémoire commence par la liaison de quelques idées qui se représentent souvent : à mesure
qu'il arrive à l'esprit quelque nouvelle connaissance, il l'attache par quelque rapport, à celles
qu'il a déjà acquises ; il est aidé dans ce travail
par les classifications que l'abstraction lui fournit,
par les signes auxquels il s'accoutume à donner
un sens bien déterminé, enfin par les méthodes
qui établissent entre les idées un ordre constant.

Par ce moyen, toutes les idées qui appartiennent à un même objet, forment pour l'esprit un tout dont les parties naturellement assorties et distribuées régulièrement se représentent facilement et sans confusion, quand on veut s'en occuper de nouveau. La chose est sensible pour ceux qui possèdent une science qu'ils ont étudiée avec attention, et d'après une méthode philosophique, c'est-à-dire, qui présente les idées enchaînées dans l'ordre naturel de leur génération : cette science se montre à eux comme une seule idée générale, très-complexe, il est vrai, dont la mémoire va parcourir et analyser toutes les parties, sans que le moindre détail lui échappe.

Ainsi, la mémoire sera d'autant plus sûre, que l'esprit aura fait ses opérations dans un ordre plus exact et plus naturel : car alors les idées sont liées, non-seulement parce qu'elles se succèdent, mais encore parce qu'elles s'amènent.

Elle sera d'autant plus prompte, que l'esprit, par l'exercice et l'habitude, aura acquis plus de facilité pour ses opérations. Ce pouvoir de l'exercice et de l'habitude n'a pas besoin de preuve. On sait assez que la chaîne de certaines idées, de certaines opérations, nous échappe quand nous ne les répétons pas souvent; tandis que les mêmes opérations fréquemment répétées deviennent une routine qu'on suit presque machinalement et sans que l'esprit paraisse y prendre part.

Pour mettre en jeu la mémoire, il faut à l'esprit les mêmes élémens qui ont été la matière des premières opérations. C'est une sensation qui a donné l'idée sur laquelle il a travaillé d'abord ; une sensation, en rappelant cette idée, le conduit à répéter le même travail. Si ce n'est pas une sensation proprement dite, c'est le signe ou mot qui présente une idée à laquelle d'autres sont liées. Et en effet, puisque par le moyen des langues, nous avons attaché des idées à des mots, une suite d'opérations à une suite de signes, ces signes ont, pour exciter les idées, la même force qu'avait la sensation elle-même ou l'idée sensible qu'elle contenait.

Tous les phénomènes qu'offre la mémoire, s'expliquent facilement par cette liaison d'idées, qui peut avoir lieu de bien des manières. Car elles peuvent être liées avec les sensations, avec les objets, avec les mots ; elles peuvent être liées entr'elles, seulement dans l'ordre de leur succession ; enfin elles peuvent l'être dans un ordre méthodique qui présente une suite d'opérations dont l'une conduit naturellement à l'autre. Aussi, la mémoire peut agir en toutes sortes de sens. Car, comme la même idée se trouve dans différentes chaînes d'opérations, l'esprit par le moyen de ces idées, passe d'une chaîne à une autre. Ce passage qui paraît quelquefois si brusque et si peu naturel, ne l'est pas autant qu'il le semble : avec un peu d'attention, on découvrirait que ces idées qui tombent tout-à coup dans l'esprit, ont été liées autrefois avec l'idée dont on s'occupe actuellement. Beaucoup d'erreurs de la mémoire, et même certains écarts de l'esprit n'ont pas d'autre origine (33).

De cet exposé, il suit que la mémoire n'est de la part de l'esprit, que la facilité de faire promptement, et dans le même ordre, les opérations qu'il a faites autrefois : attention, liaison d'idées, habitude, signes ; voilà les moyens par lesquels elle se forme, s'exerce et se fortifie.

La mémoire, en représentant à l'esprit ses idées, ses opérations, ses connaissances, donne naissance à l'*imagination :* elle est une sorte de création, le dernier degré et l'effort le plus sublime de la faculté de penser.

Imaginer, c'est se faire des images, non pas précisément telles qu'on les reçoit des objets, ou telles que la mémoire les représente : l'opération ne serait pas différente de celles que nous avons observées jusqu'ici. Il n'y a imagination proprement dite, que quand on réunit plusieurs idées tirées de différens objets, pour en composer une image qui n'est pas la représentation de quelqu'être réel tel qu'il existe dans la nature, ou d'idées abstraites telles qu'elles se forment dans l'entendement ; mais qui cependant est un tout parfait et régulier par l'assortiment et le rapport exact de toutes ses parties. Ainsi le peintre qui fait un portrait, un tableau, d'après un original qu'il a sous les yeux, n'imagine pas ; il copie littéralement ce qui est. L'architecte, le dessinateur qui lèvent le plan d'un édifice, d'une campagne ; l'historien qui expose la suite des faits, le poëte même ou l'orateur qui font une description exacte des lieux, des personnes, des choses, des actions ; tous suivent un ordre d'idées conforme à celui qui a été donné par les sens, par les objets. Mais l'artiste qui, pour peindre Vénus, rassemble dans son esprit et dans son tableau tous les traits de beauté qu'il n'a vus qu'épars dans la nature ; l'architecte qui, pour élever un palais, cherche dans son art et dans les chefs-d'œuvre qu'il a observés, tout ce qu'il y a de belles proportions ; le poëte, l'orateur qui, par des figures hardies, des fictions neuves et ingénieuses, donnent la vie, le mouvement, la chaleur aux êtres inanimés et insensibles ; ceux - là imaginent, créent : ce sont là les vrais génies.

Cependant, dans ces productions qui nous attachent, qui nous transportent, si vous considérez séparément chaque partie, elle ne vous offrira qu'une idée commune, une situation ordinaire et naturelle. Ce qui appartient vraiment au génie, c'est de sentir les rapports de toutes ces parties isolées et de les réunir dans le tableau idéal que l'imagination en compose.

Pour atteindre à ce degré de perfection, il

faut au génie des connaissances aussi variées que profondes; un coup-d'œil juste et rapide, un goût sûr formé par la réflexion et par des comparaisons fréquentes; sur – tout, une sensibilité exquise qui exalte l'ame et qui la passionne à la vue des objets : les connaissances étendent l'imagination; le goût ia règle et prévient ses écarts; la sensibilité répand la chaleur et la vie sur ses productions (34).

On peut assigner entre la réminiscence, la mémoire et l'imagination, ces différences générales : la réminiscence nous fait reconnaître les perceptions que nous avons eues; la mémoire nous retrace nos idées dans une suite d'opérations; et l'imagination, s'aidant de l'une et de l'autre, leur doit la matière des tableaux qu'elle compose.

Sous ces noms différens par lesquels on désigne les formes successives de nos idées, on reconnaît toujours l'attention qui préside à ce travail : c'est elle qui écarte ce qu'il y a de vague et de confus dans la première impression ; qui, dans deux perceptions semblables , abstrait ce qu'elles ont de commun ; qui, fixée sur deux idées, compare et juge; qui, embrassant une suite de rapports, réfléchit et raisonne; sans elle enfin, il n'y aurait ni réminiscence, ni mémoire, ni imagination.

Des idées innées : on ne les prouve pas, et elles sont inutiles pour expliquer les opérations de l'esprit.

De cet exposé, il suit que toutes nos idées, toutes nos connaissances sont acquises, et qu'il n'en est aucune qui ne remonte aux sens comme principe. En effet, nous ne connaissons que de deux manières, par affection ou par idée; nos abstractions, nos jugemens, nos raisonnemens, nos sciences, sont fondées en dernière analyse sur ces perceptions élémentaires, qui, évidemment, sont contenues dans la sensation.

Ce qu'on a dit depuis long-tems, et ce qu'on répète encore en faveur des notions innées, de certains principes de morale gravés dans le cœur de l'homme, peut être facilement réfuté.

Il y a, dit-on, des vérités tant spéculatives que pratiques, qui sont généralement admises, également connues et senties par tous, qui se manifestent à l'esprit dès l'âge le plus tendre. Or cet assentiment général, cette promptitude de l'esprit à saisir ces vérités essentielles et fondamentales dont les autres ne sont que des conséquences, dans un tems sur-tout où l'exercice et l'habitude n'ont pas encore pu développer ses facultés et assurer sa marche, ne peuvent s'expliquer que par des notions innées, antérieures à l'action des sens, mais qui pour apparaître clairement à l'esprit, ont besoin de l'occasion et des circonstances qui les développent. Voilà l'objection dans toute sa force : voici la réponse; elle est tirée naturellement de nos principes.

Il y a des vérités généralement admises, et pour cela il n'est pas nécessaire qu'elles soient innées; car aussi il y a des vérités généralement admises et que nos adversaires ne regardent certainement pas comme innées. En fait de vérités, il n'y en a point qui soient nécessairement des principes, et d'autres qui soient nécessairement des conséquences. Ce n'est que quand la science a reçu un ordre méthodique, qu'on établit entre les vérités cette progression qui mène de l'une à l'autre. Mais l'esprit peut appercevoir quelquefois une vérité plus compliquée avant une autre plus simple; et alors c'est cette dernière qui sera conséquence. Le principe, c'est le point ou la vérité d'où l'on part; et il est très-possible que ce ne soit pas toujours la même vérité qui s'offre la première à tous les hommes. La marche générale de l'entendement est réglée par la nature, il est vrai; mais les développemens, pour chaque individu, sont subordonnés aux circonstances où il se trouve.

Mais admettons qu'il y a des vérités qui effectivement nous frappent plutôt et plus évidemment que d'autres. C'est qu'il y a des vérités qui tiennent à des opérations si simples, à des rap-

ports si naturels, que tout homme peut les appercevoir à l'instant et avec la même facilité.
Sujets aux mêmes besoins, pourvus des mêmes
facultés, affectés de la même manière par les
objets extérieurs, modifiés par les mêmes ins-
tructions dans l'état de société, il n'est pas étonnant que les mêmes idées se présentent à nous
dès l'âge le plus tendre.

Dans le système des idées innées, ces idées
sont dans l'ame; mais elles ne les apperçoit qu'au
moment où une occasion, une circonstance les
excite et les présente dans toute leur évidence. Mais
qu'est-ce qu'une idée, un principe qui est dans
l'ame sans qu'elle le sache? La clarté, l'évidence
de ces principes n'est donc pas en eux-mêmes,
et elle dépend de quelque chose d'extérieur. S'il
ne manque à ces principes qu'une occasion pour
apparaître à l'ame, on pourrait se rappeler l'instant où l'on aurait été frappé tout-à-coup par
la lumière de la vérité. Cependant il est de fait
qu'à l'exception de quelques sensations vives qui
ont fait sur nous une forte impression, l'enfance
de notre entendement nous paraît enveloppée des
plus épaisses ténèbres: les idées, les mots, les
vérités se sont établis lentement chez nous, et
d'une manière si insensible qu'aucun de nous n'en
a remarqué le progrès. Il faut convenir que cela
ressemble bien à une faculté qui, pour assurer
son action, a besoin de tentatives réitérées et
d'une longue expérience. Au reste, si les parti-

sans des idées innées disent que ces idées ne deviennent bien nettes et bien distinctes à l'esprit qu'à mesure que les sens nous présentent les objets qui y ont quelque rapport, on leur répondra qu'autant vaudrait n'avoir pas d'idées innées, puisque, pour les développer, il faudrait le même travail que pour les acquérir. La question ainsi réduite devient puérile: *les idées se forment ou se développent par le moyen des sens;* on voit que, pour bien analyser l'entendement, il est très indifférent d'adopter l'une ou l'autre expression; et qu'il sera vrai de dire, *nos connaissances remontent aux sens comme principe.*

Enfin, sans être obligé de recourir aux idées innées, il est facile d'expliquer ces idées, ces principes qu'on croit remarquer de très-bonne heure chez les enfans. Le soin qu'on prend de leur présenter certaines vérités et de les leur répéter souvent, les exemples continuels qu'ils ont sous les yeux, leur rendent ces idées et ces principes présens et familiers : et il n'est pas surprenant que, dans la suite, on les croie naturellement gravés dans l'esprit et dans le cœur, parce qu'on oublie en quel tems, et de quelle manière ils y sont entrés. On pourrait par la même méthode donner à l'enfant, et on lui donne en effet une foule de préjugés et d'erreurs qu'il ne distinguera pas de la vérité, à moins que sa raison, formée par l'étude et par l'exercice, ne revienne sur ces connaissances imparfaites ou fausses, pour les rectifier par des opérations précises et rigoureuses.

Qu'on observe sans partialité le développement naturel des facultés chez l'enfant, en supposant que l'instruction ne fait que suivre et faciliter ses progrès. D'abord, on le voit occupé à reconnaître les objets qui l'environnent, à les comparer avec les impressions qu'il en reçoit : ses premières idées sont toutes des images de choses sensibles; les premiers mots qu'il retient facilement et qu'il applique avec justesse, sont ceux qui expriment ces idées ou quelques abstractions assez communes et qui tiennent encore de très-près aux idées sensibles. Quant aux mots qui désignent des idées métaphysiques ou morales, ils n'ont point de sens pour lui, ou ils en ont un très-différent de celui que nous leur donnons. Toutes ces dénominations ne lui présenteront des idées nettes et distinctes, qu'à mesure qu'il aura occasion d'observer les nouveaux rapports qui se découvrent à l'homme, fait-à-fait qu'il avance dans l'ordre intellectuel et moral. C'est alors que l'entendement prend une forme déterminée, et que toutes les idées liées les unes aux autres, s'éclaircissent mutuellement.

Mais si nous faisons nos idées et si elles nous sont fournies par ces premières perceptions que nous devons aux sens, la vérité n'aura plus rien de fixe, la morale plus de bases assurées; les illusions inséparables des sens se glisseront dans les opérations de l'entendement, et la volonté restera sous l'empire des passions. Au contraire, en admettant des principes innés, on a une règle invariable sur laquelle on peut redresser les erreurs.

A cela on répond 1.º que, soit que nous ayons des idées innées, ou non, l'entendement n'en sera pas moins sujet à des erreurs, ni la volonté pas moins exposée à être entraînée par les passions; puisque, les sens étant une des conditions nécessaires pour le développement des idées innées, leur influence se fait autant sentir dans ce développement, que dans leur formation. Et d'ailleurs, ce n'est pas dans les premières opérations qu'il y a le plus d'erreurs graves et dangereuses : en général, les hommes conviennent tous des mêmes idées, des mêmes principes : et cependant quelle diversité, quelle opposition même dans les conséquences ! L'erreur est donc dans les opérations mêmes qu'on fait sur les idées ou sur les principes; et les combinaisons que ces idées peuvent subir, appartiennent uniquement à l'esprit. Ainsi, dans une opinion comme dans l'autre, il y aura des erreurs, elles auront la même cause, et on pourra les redresser de la même manière. 2.º Avec des idées acquises et originaires des sens, nos connaissances sont aussi vraies, aussi certaines, nos principes aussi fixes, aussi invariables que s'ils avaient été gravés dans l'entendement ou dans le cœur. Car, quand il n'y aurait aucune réalité dans ce que les sens nous disent des objets, quand il n'y aurait que des apparences, si-tôt que ces apparences sont uniformes et constantes, elles suffisent pour fournir à l'esprit des rapports vrais : or, tout le savoir humain ne roule que sur des rapports. Ce n'est pas la vérité absolue, la réalité des choses, qui est l'objet de notre connaissance ; ce n'est et ce ne peut être que la vérité relative. Les idées innées ne nous en donnent pas d'autre : elles sont donc inutiles, puisque les sens peuvent nous conduire au même but, et que par eux nous appercevons les rapports des autres êtres à nous. Ces rapports, il est vrai, ne sont que nos propres modifications, notre manière de voir ; mais cette manière de voir n'est ni arbitraire, ni changeante ; elle est déterminée par la nature même de notre faculté capable de percevoir, et par les qualités ou apparences des objets propres à être perçues. Aussi ce n'est jamais que sa propre pensée que l'homme apperçoit ; ce principe de Condillac, si simple, mais si lumineux et si fécond, est la clé de toute la métaphysique. Il est même le fondement de la logique : il n'y a d'évidence et de certitude dans nos jugemens, de justesse dans nos raisonnemens qu'autant que les idées que nous comparons, sont notre ouvrage.

Concluons donc qu'il n'y a rien d'inné dans l'homme, excepté ses facultés ; facultés qui s'exercent à l'instant même que les sens leur présentent la matière de leur travail ; facultés qui produisent des ouvrages plus ou moins réguliers, selon que les circonstances auront aidé ou nui à leur développement (35).

Division et qualités des idées.

La division des idées se tire de la manière même dont nous les acquérons, et des qualités qu'elles doivent avoir.

Généralement les idées, en comprenant sous ce nom les perceptions, se divisent en deux grandes classes; celles que nous recevons immédiatement par les sens, et celles que nous formons nous-mêmes par des opérations intellectuelles : de là des idées *simples* et des idées *composées.*

On appele simple toute idée, toute connaissance première qui nous vient immédiatement par voie de sensation. Ces idées qui ont une origine sensible et toute physique, sont conformes aux impressions qui les produisent; et ce qu'elles nous présentent est inséparable des objets qui ont causé ces impressions. Aussi les langues n'ont point de mots pour exprimer les idées simples; on ne peut ni les expliquer, ni les transmettre, et c'est de l'objet même qu'il faut les recevoir. Excepté les abstractions qu'on en tire, elles n'entrent pour rien dans le système intellectuel. Mais elles fournissent la matière de la pensée, et elles sont pour l'esprit une occasion continuelle de faire quelqu'opération, par la liaison qu'elles ont avec d'autres idées qu'on en a déjà formées.

Nous nommerons composée toute idée que l'esprit forme par le moyen des idées simples, soit en réunissant sous une dénomination commune les impressions semblables, *blancheur*, *dureté*, etc.; soit en distribuant en classes subordonnées ses abstractions, *individu*, *homme*, *animal*, *corps*, *être*; soit enfin en rassemblant en une seule idée, qu'alors on appelle *complexe*, d'autres idées qui, elles-mêmes, sont déjà composées; *homme*, par exemple, est une idée complexe qui renferme les deux idées *animal* et *raisonnable*, dont chacune peut encore être regardée comme complexe et peut se décomposer en d'autres idées, jusqu'à ce qu'on approche des idées simples qui ont donné les premières abstractions.

Toutes les idées composées étant l'ouvrage de l'esprit, il en connaît toutes les parties, et il peut faire sur elles un travail régulier, les comparer, les combiner, les lier de toutes les manières, les décomposer et les recomposer. C'est en cela que consiste tout le travail des sciences. Lorsque, par l'observation, elles ont recueilli des faits, et que, par l'abstraction et la réflexion, elles ont fait des idées générales, elles peuvent envisager leur objet sous toutes ses faces, le diviser méthodiquement en toutes ses parties, appercevoir entre ces parties des rapports éloignés en apparence, mais qui se rapprochent par des idées intermédiaires. Telle est la marche commune à toutes les sciences, quelque différens, d'ailleurs, que paraissent les

objets

objets dont elles s'occupent : toutes peuvent être rappelées à quelques idées générales et abstraites que l'analyse et la synthèse combinent et décomposent de mille manières. Ce que les mathématiques font sur les quantités par le moyen des signes, les autres sciences le font sur les idées par le moyen des mots.

Les idées simples ou premières peuvent être *claires* ou *obscures*.

L'idée est claire, lorsque l'impression ou l'action de l'objet est assez forte, qu'elle est reçue par des organes bien disposés et qu'elle est bien remarquée par l'attention.

L'idée est obscure, lorsque l'impression est faible, l'organe mal disposé, ou l'attention insuffisante.

Les idées composées peuvent être *distinctes* ou *confuses*.

L'idée composée est distincte, lorsqu'on apperçoit nettement toutes les parties qu'elle renferme et que par ce moyen on peut la distinguer de toute autre idée composée avec laquelle elle a des parties communes : car la même idée partielle peut se trouver dans plusieurs idées complexes. Ainsi, par exemple : *économie* et *avarice*, *libéralité* et *prodigalité* ont des idées communes qui feraient confondre l'avarice avec l'économie, la libéralité avec la prodigalité, si l'on ne saisissait pas la nuance légère qui sépare l'une de l'autre.

6

L'idée est confuse, lorsque cette nuance nous échappe, et que nous ne faisons attention qu'à ce qu'une idée a de commun avec une autre qui lui ressemble beaucoup.

Si nos idées étaient toujours notre ouvrage et qu'en les formant on suivît la progression naturelle des opérations de l'esprit, elles seraient toujours distinctes; parce qu'alors on saurait de quelles parties on les a composées. Mais comme généralement on reçoit ses idées des autres, et qu'en employant les mots qui les expriment, on n'en connaît pas très-souvent la valeur et les différens sens, il arrive de là que nous avons beaucoup d'idées confuses : elles ne deviennent distinctes que quand nous commençons à les analyser pour les ramener aux idées composantes; et que, par l'étude raisonnée des langues, nous sentons la nécessité de n'attacher aux mots que des idées bien déterminées.

Quelques métaphysiciens admettent des idées *vraies* et des idées *fausses*; d'autres prétendent que nos idées sont toujours vraies : la question n'offre de difficulté, que parce qu'elle est mal posée. Examinons-la d'abord par rapport aux idées simples.

Si la vérité d'une idée simple est la conformité de cette idée à l'impression, toutes nos idées simples sont vraies : car elles représentent toujours ce qu'elles doivent représenter d'après la nature de cette impression. Ainsi, on voit de très-loin un objet quelconque et on n'en a qu'une idée obscure. En avançant, on voit une tour ronde. Enfin on approche, et on voit clairement une tour quarrée. Laquelle de ces trois idées est la vraie ? Dans un sens, elles sont toutes trois vraies : à ces trois distances différentes, la vue a donné la représentation exacte qu'elle devait donner d'après l'impression. Mais si, par vérité, on entend la conformité de l'image à l'objet, il n'y a que la dernière idée qui soit vraie, parce qu'elle naît du rapport le plus exact entre l'organe et l'objet.

Quant aux idées composées, comme elles sont toutes déterminées par des signes, elles sont vraies ou fausses, selon que nous attachons aux mêmes mots les mêmes idées, ou des idées différentes.

On distingue encore des idées *complètes* et *in-complètes*, *adéquates* et *inadéquates*, *chimériques* et *réelles*. Ces divisions n'offrent rien d'intéressant qui n'ait été déjà présenté sous les dénominations précédentes (36).

Enfin, les idées simples sont toutes individuelles et singulières ; elles nous présentent tel objet déterminé, telle figure, telle qualité inhérente à cet objet et que nous percevons actuellement par sensations.

Les idées composées sont toutes abstraites et générales. On a vu comment la ressemblance des impressions nous conduit naturellement à abstraire et à généraliser. Plus cette opération est essentielle pour connaître, plus il faut être attentif à observer la gradation des idées abstraites. Celles que l'esprit fait d'après les idées premières sont très-faciles à concevoir, et on peut par une analyse prompte, les ramener à leurs élémens. Mais il y a d'autres idées abstraites, des notions très-générales et très-métaphysiques, qui résultent des opérations auxquelles les idées abstraites elles-mêmes ont donné lieu, et qu'on pourrait, à cause de cela, appeler abstractions d'abstractions. Comme ces idées ne se sont formées que très-lentement et à mesure que, pour établir l'ordre dans ses conceptions, la science faisait des théories et des méthodes, on a de la peine à suivre la marche de ces idées, et à retrouver toutes les notions intermédiaires par lesquelles il faut nécessairement repasser pour arriver aux premières abstractions liées à des idées sensibles.

Cependant cette analyse est indispensable : point de science qui n'ait quelques-unes de ces idées générales qui ont donné lieu à des questions regardées comme insolubles, parce qu'on ne les ramenait pas à leurs vrais termes. Pour donner des exemples de cette analyse et pour en faire sentir la nécessité, prenons les idées d'*existence*, *modifications* et *substance*, *matière*, *essence*, *esprit*, *dieu*, *étendue*, *espace*, *durée*, *infini*, *nombre*, *relations*, etc. Quelques-unes de ces idées sont communes à plusieurs sciences ; mais toutes sont du

ressort de la métaphysique qui en observe la gé‑
nération et qui doit leur donner une précision
rigoureuse, pour que les autres sciences puissent
en faire l'objet d'une théorie raisonnée (37).

Exemples d'analyse d'idées très-abstraites.

Existence. L'idée d'existence est continuellement
mêlée à toutes les autres ; elle semble nous être
suggérée facilement par tous les objets : cependant
elle est une des plus difficiles à analyser, parce
que nous ne la formons pas par une opération
directe, et qu'elle se trouve amenée insensiblement
par la réflexion et par les progrès de nos connais‑
sances. Voici comme on peut concevoir l'origine
de cette idée.

Le sentiment de notre existence tient à nos
sensations, aux opérations actuelles de notre es‑
prit, et il en est inséparable : mais ce sentiment
n'est pas encore l'idée, et même il ne devient
chez nous *sens intime*, que quand nous avons acquis
l'idée d'existence.

D'abord l'ame, par la différence des sensations,
commence à les distinguer d'elle-même ; ce chan‑
gement continuel de modifications dont elle se
sent diversement affectée, la force peu-à-peu à
donner son attention aux causes qui peuvent les
produire. Si-tôt que nous rapportons la cause de
nos sensations à quelque chose hors de nous,
nous transportons aux objets extérieurs, les images,

les qualités, les modifications que nous ne sentions d'abord qu'en nous-mêmes, et dès-lors, l'idée d'existence devient commune et à nous et à ces objets. Il est évident que cette existence que nous prêtons aux objets est différente de leur réalité, de ce qu'ils sont en eux-mêmes : cette réalité n'entre pour rien dans les opérations de l'esprit. Ainsi, l'idée d'existence attachée aux objets, n'est que notre propre manière de les percevoir, d'après nos sensations.

À l'aide des signes ou mots, cette même idée d'existence passe aux qualités abstraites ou détachées des objets; et c'est ainsi que les modifications deviennent pour l'esprit des êtres intellectuels. Enfin, lorsque, par l'acte du jugement nous affirmons un rapport apperçu entre deux idées, le mot *est*, qui est l'ame de toute pensée, de toute langue, et sans lequel il n'y aurait point de proposition, exprime l'existence intellectuelle, c'est-à-dire, l'opération par laquelle on conçoit un sujet sous tel attribut, un objet ou une substance avec telle modification, telle qualité. Ainsi, dire *une chose est* ou *est telle*, c'est dire *je sens*, *je vois*, *je conçois*, selon qu'il s'agit d'affection, d'image ou d'abstraction.

On trouvera peut-être que cette analyse de l'idée d'existence est trop métaphysique ; et, parce qu'on voit l'existence dans tous les objets, on croira que ce sont eux qui nous l'ont donnée immédiatement et qu'elle était très-facile à former.

On répond à cela que, si cette idée se présente inséparablement unie avec tout ce que nous appercevons par les sens ou par la pensée, c'est uniquement parce que nous nous sommes accoutumés à la lier à tous nos jugemens et à toutes nos abstractions ; et il s'agissait d'examiner comment nous étions parvenus à la faire entrer dans ces opérations.

Modifications et substance. Tout objet, tout être physique ne nous est sensible, ensuite connu, que par des impressions que nous nommons qualités et qui font que cet objet nous paraît tel. Ces impressions, ces qualités varient ; elles sont dans un changement continuel : le même corps se présente successivement à nous en mouvement, en repos ; tantôt sous une forme, sous une couleur, tantôt sous d'autres. Ces qualités, ces formes, ces états que les corps peuvent quitter et reprendre, nous les nommons *modes*, *modifications*, manières d'être. Comme ces modifications se succèdent les unes aux autres, et que le corps ne les perd pas toutes à-la-fois pour en prendre d'autres, nous présumons ou nous jugeons l'identité du corps, c'est-à-dire, que c'est toujours le même être sous d'autres modifications. Delà, l'idée de *substance* que nous concevons comme distinguée des modifications, comme cachée sous elles et en étant en quelque sorte le soutien. Mais quoique notre esprit distingue la substance et les modifications, il ne peut concevoir une substance existant sans modifications, ni des modifications sans une substance pour les recevoir; et lorsque, par l'abstraction, il change des qualités en substances, alors ces qualités abstraites sont elles-mêmes susceptibles de modifications.

Matière. Ces idées de substance et de modifications ont pu conduire à l'idée générale et très-abstraite de matière. Par ce mot *matière*, quelques philosophes ont entendu quelque chose de réel et de pré-existant aux corps; mais il est facile de voir que ce n'est qu'une pure abstraction. En effet, supposez par la pensée un corps dépouillé de toutes ses modifications, ce que vous concevez rester de ce corps, sera cet élément commun et primitif, dont la propriété essentielle serait l'aptitude à recevoir les formes ou modifications que les corps nous présentent. On voit par-là combien sont vaines et illusoires toutes les discussions élevées sur l'origine des choses, et que tous les systèmes sur la formation de l'univers, péchent par le principe.

Essence. Ce mot s'explique de lui-même : c'est ce par quoi une chose, un être physique ou intellectuel est ce qu'il est, et non pas autre. C'est l'observation et la réflexion sur les qualités sensibles qui nous ont donné cette idée. En effet, en examinant les modifications diverses des corps, on a reconnu que, de ces qualités, les unes sont communes à tous ou à plusieurs, les autres particulières et propres à quelques-uns. Ces propriétés ont servi à caractériser les êtres auxquels elles appartiennent, et ont établi les classifications. Mais l'esprit ne s'arrête pas là : il suppose, et avec raison, qu'il y a dans les êtres quelque chose de radical et de constitutif qui les détermine à telle ou telle propriété. Ce constitutif inconnu, mais qu'il conçoit cependant devoir être, est l'idée générale d'*essence*.

Au défaut de cette essence réelle qui échappera toujours au raisonnement et aux sens, on prend entre les propriétés celle dont il semble que les autres découlent, ou bien on en réunit plusieurs, et on en fait l'essence des êtres : ainsi, par exemple, l'impénétrabilité est la propriété essentielle des corps, selon les uns; selon d'autres, c'est l'étendue et l'inertie. Mais qu'est-ce, dans les corps, qui fait qu'ils sont impénétrables, étendus, inerts ? On voit qu'on n'a pas fait un pas vers l'essence réelle des corps.

Par opposition à l'essence des corps, on fait consister celle de l'esprit dans la simplicité et l'activité. Cette essence n'est que notre manière de concevoir l'esprit; elle n'est pas plus la réelle que celle que nous avons assignée aux corps.

Ce n'est donc que lorsqu'il s'agit des idées que nous avons formées, que nous pouvons voir leur essence. Je connais l'essence de l'homme (idée abstraite et générique) parce que j'ai composé cette idée d'*homme* par la réunion des deux idées *animal et raisonnable.* Une figure est constituée *cercle*, en concevant tous les points d'une ligne *circonférence* également éloignés d'un point *centre ;* par là même, on a son essence et on en démontre toutes les propriétés. Aussi, tant que nous jugeons ou que nous raisonnons sur des idées que nous avons bien formées, nous opérons avec certitude. Mais quand de nos idées, nous voulons conclure à la réalité des choses, à l'essence des êtres, nos connaissances cessent d'être certaines ; nous n'avons plus que des analogies, des probabilités, des conjectures, des opinions, des systèmes.

Étendue. Nous n'avons des représentations ou des images des corps, que parce qu'ils nous paraissent figurés, bornés, terminés. En rencontrant ces limites, nos sens en reçoivent, pour ainsi dire, l'empreinte, la figure ; dès-lors, nous concevons les corps composés de parties disposées ou situées les unes hors des autres, et effectivement les images nous les présentent tels. C'est cette disposition de parties qui donne l'idée d'*étendue* dont les dimensions connues sous les noms de *longueur, largeur, hauteur,* sont les modes.

Les mathématiques, en s'emparant de cette idée, l'ont rendue encore plus abstraite et plus exacte. Elles considèrent l'élément simple, le *point,* comme générateur de la ligne ; la ligne, à son tour, donne la surface ; et la surface en se mouvant produit le solide. Voilà la marche de la science qui procède du simple au composé. Mais on se tromperait, si l'on croyait que l'idée d'étendue s'est formée par cette synthèse ; au contraire, elle devait naturellement commencer par l'analyse. Les corps se présentaient figurés, terminés, étendus selon toutes les dimensions, solides : le besoin de les mesurer aura facilement conduit à les considérer dans tous les sens, mais successivement ; à les supposer réguliers, à évaluer les irrégularités, etc. Dans cette partie, comme dans toutes les autres, la pratique et l'expérience ont précédé les démonstrations et la théorie ; et la théorie une fois établie, a simplifié et rectifié les pratiques. De-là les idées abstraites de *longueur*, *largeur*, *hauteur*, modes ou manières de considérer l'étendue. Réunies, ces dimensions donnent le solide. Abstraction faite de la hauteur, il reste la surface ; si, dans la surface on fait abstraction d'une des deux dimensions, il ne reste que la ligne ; et si dans cette ligne vous faites abstraction de la dernière dimension, il ne reste que le point mathématique, simple, inétendu, sans dimension. Et c'est parce que ce point n'a pas de dimension, qu'on peut concevoir une infinité de points dans une ligne, une infinité de lignes dans une surface, une infinité de surfaces dans un solide.

Voilà comment l'étendue abstraite est divisible à l'infini. Mais parce que l'idée d'étendue nous a été fournie par les corps et que nous ne pouvons pas les concevoir autrement, nous transportons aux corps eux — mêmes cette propriété d'être divisibles à l'infini, qui ne convient cependant qu'à notre idée abstraite d'étendue : deux choses qu'il est aisé de distinguer. Car les corps nous offrent bien une multitude de parties inassignablement petites; nous concevons bien que leur division n'a pas encore atteint ses bornes; mais nous ne pouvons pas prononcer qu'elle n'en a pas de possibles; tandis qu'il nous est évident que l'étendue abstraite ne peut en avoir, par la nature même des parties, des élémens dont nous l'avons composée.

C'est sous ce point de vue qu'il faut envisager, en physique, la question de la divisibilité de la matière.

La matière ou les corps sont-ils divisibles à l'infini ? On ne peut le savoir, puisqu'on ignore ce que sont les corps en eux-mêmes, et que l'on conçoit qu'il peut y avoir un terme à leur division, quoique les sens et les instrumens ne puissent pas y arriver. Cette question n'a excité tant de débats, que parce qu'en l'agitant on confondait sans cesse l'étendue abstraite avec l'étendue physique du corps; l'idée exacte et mathématique qui nous est bien connue, avec la réalité qui nous est inconnue.

Espace. L'idée de l'espace tient à celle de l'étendue. Par-là même que les corps nous apparaissent figurés, terminés, ils sont l'un hors de l'autre; il peuvent être contigus, se toucher par un ou plusieurs points, mais sans se pénétrer. Chaque corps a donc son étendue propre, ses dimensions absolues et qui sont à lui. Si vous faites abstraction de toutes les parties du corps, à l'exception des lignes, des surfaces qui le terminent et le figurent, ce qui est contenu, renfermé par ces lignes, est le *lieu* absolu, la place du corps, son étendue propre.

Supposez trois corps contigus dans la même direction, le lieu du second est la *distance* du premier au troisième, ou ce qu'il s'en faut pour qu'ils soient contigus. Cette distance est absolue, puisqu'elle est le lieu ou l'étendue propre du second corps.

Il est aisé de concevoir comment le lieu et la distance sont devenus relatifs. La position respective des corps offrant par le mouvement des variations fréquentes, ce changement dans la position respective a été appelé changement de lieu. Également, la distance, en devenant variable, a fait sentir la nécessité d'une mesure commune.

Le lieu et la distance étant généralisés, l'idée d'espace a dû s'ensuivre : cette idée est complexe et renferme celles des lieux et des distances. Elle a reçu le dernier degré d'abstraction, lorsque l'esprit, par le moyen de l'étendue abstraite, a pu concevoir des corps et des distances à l'infini. Voilà l'idée générale de l'espace qui n'a rien de réel et qui n'est que l'étendue imaginaire, illimitée, infinie, puisque par la pensée nous pouvons sans cesse en reculer les limites.

Ainsi, quand il s'agit d'espace, il faut distinguer ce qu'il y a de réel et ce qu'il y a d'idéal ou d'abstrait. L'espace réel se compose de tous les corps existans dont le nombre et la distance sont finis ou peuvent être conçus tels. L'espace abstrait ou imaginaire est une pure conception de l'esprit, qui passe les bornes du réel et qui n'a d'autre mesure que l'infini.

Durée. Nos sensations, nos idées, toutes nos opérations se suivent, se succèdent et se présentent à l'esprit distinctes et séparées, l'une après l'autre, comme les corps, par leur étendue, leurs limites, paraissent à nos sens l'un hors de l'autre.

C'est en remarquant cette succession dans nos idées, dans nos opérations, que nous acquérons l'idée de durée, c'est-à-dire, que notre existence nous paraît composée d'instans ou de parties successives dont chacune est marquée par une opération qui lui correspond. Et une preuve que la durée n'est que cet ordre remarqué dans nos opérations, c'est que celui qui cesse d'en observer la succession, n'a point et ne peut avoir d'idée des parties du tems et de la durée qui se sont écoulées, tandis qu'il ne s'en est pas occupé. Nous existons certainement pendant un sommeil profond, pendant une longue léthargie ; cependant, au moment du réveil, nous n'avons aucune idée de cette partie de notre existence, et nous lierions immédiatement le moment du réveil à celui qui a précédé le sommeil, si les êtres qui nous en-

lourent ne nous avertissaient, par quelque changement, du tems qui s'est écoulé.

La même chose arrive à ceux qui, fortement
occupés d'une idée, d'un objet, ne font pas attention à la succession de leurs opérations.

C'est aussi pour la même raison, que des songes
liés et suivis, qui quelquefois n'ont duré qu'un
instant, nous paraissent avoir la durée de plusieurs
heures. Dans ce cas, la succession des idées a
été très-rapide ; mais nous leur transportons la
mesure du tems qui ne convient qu'à la succession de nos actions, quand nous les faisons réellement.

Il suit de là, que l'estimation de la durée, par
la suite de nos idées, n'a rien de fixe, et que,
pour la déterminer, il fallait prendre un terme
constant de comparaison : les révolutions régulières de la nature, le retour du soleil sur l'ho-
rison, l'ordre des saisons, etc., pouvaient en
servir. Mais la mesure n'est devenue exacte que
quand, par des divisions artificielles, on a fait
les années, les mois, les jours, etc.

Le tems ainsi divisé, il a été facile de le
distinguer en trois grandes époques : le *présent*,
qui strictement n'est que l'instant de la durée qui
correspond à la pensée actuelle ; le *passé*, qui
comprend tous les instans de durée antérieurs au
présent ; le *futur*, qui renferme tous les instans
postérieurs ou que l'imagination conçoit pouvoir

succéder au présent. La théorie du *verbe* est fondée sur ces idées abstraites : nous verrons, dans la seconde partie, comment elles se nuancent pour donner cette varié : merveilleuse qui, dans les langues, présente l'existence intellectuelle sous tous ses rapports.

Comme on ne conçoit pas de limites à l'espace abstrait, on ne conçoit pas plus de commencement ni de fin à la durée : c'est une chaîne dont les deux extrémités se prolongent à l'infini.

Locke observe que l'espace s'offre à l'esprit comme un tout dont les parties existent ensemble et comme d'une seule pièce ; tandis que les parties de la durée sont successives et dépérissent sans cesse.

Nous plaçons nécessairement les corps dans l'espace, et nos pensées dans le tems ; parce que les corps sont étendus et que nos idées se succèdent : mais l'espace et le tems n'en sont pas moins des idées faites par l'esprit.

Nombres. La nature nous présente les objets tantôt isolés, tantôt réunis ; dans le même objet, des qualités, des parties différentes. Delà les idées d'*un* et *plusieurs*, et ensuite de tous les nombres possibles. Pour les concevoir distinctement, il ne s'agit que d'attacher à des signes des collections d'unités : ainsi, dans l'arithmétique, les collections de deux, trois unités, jusqu'à dix, ont leurs signes. La collection de dix unités devient, par

abstraction ,

abstraction, une nouvelle unité. La divisibilité des corps en différentes parties, suggère aussi naturellement la division de l'unité en ses différentes fractions. En appliquant les nombres à l'étendue, la science a pu faire sur les quantités des opérations rigoureuses et exactes.

Infini. L'idée de l'*infini* s'applique d'elle-même aux idées abstraites d'étendue, d'espace, de durée et de nombres ; et cela doit être, puisque dans les opérations que l'esprit fait sur ces idées, il n'est arrêté par aucune borne, aucune limite ; il conçoit la durée sans commencement et sans fin, l'espace sans bornes, l'étendue aussi illimitée dans ses divisions que les nombres eux-mêmes.

Parce que l'idée d'infini et quelques autres ne présentent rien de positif à l'esprit, et qu'elles sont exprimées par des mots qu'on appelle privatifs ou négatifs, on pourrait croire que ce sont des idées chimériques, et qui n'ont point de fondement réel. Mais ces idées sont aussi positives pour l'esprit, que toutes les autres qu'il tire d'objets réels ; il conçoit aussi distinctement l'absence ou la privation d'une qualité, que son existence ou sa présence ; et si les langues n'ont pas de mots pour ces idées, c'est qu'il était plus simple d'employer le signe déjà trouvé, en lui attachant la marque de négation.

Il faut observer aussi que plusieurs de ces idées exprimées par des mots négatifs, peuvent être des qualités réelles : *immorte'*, *injuste*, *inconstant*, etc., sont de vraies manières d'exister de certains êtres; et dans le fait, ces idées ne sont pas plus néga- tives que *mortel*, *juste*, *constant*, qui sont la néga- tion des premières.

Relations. On appelle relation la liaison néces- saire entre deux idées, de manière que l'une ne puisse être formée qu'on ne conçoive en même tems l'autre qui est sa relative. L'idée de *père* emporte nécessairement celle de *fils* ; l'idée de *cause* est inséparable de celle d'*effet*. *Grand* et *petit*, *fort* et *faible*, etc., sont des idées relatives. C'est l'esprit qui, par la réflexion, établit entre les êtres, entre ses propres idées, ces rapports de toutes sortes, qui ne sont que ses manières de concevoir, ou d'être affecté par les objets.

Esprit et *Dieu.* Rien de plus éloigné, ce sem- ble, des choses physiques et sensibles, que ces deux idées sous lesquelles nous concevons des êtres d'une nature si différente de celle des objets qui font impression sur nos sens. Il n'est cepen- dant pas très-difficile de leur trouver une origine aussi naturelle que celle des idées abstraites dont l'analyse nous a montré la liaison avec les élémens contenus dans la sensation.

L'idée d'*esprit*, en général, est celle d'un être simple, *actif*, *intelligent*. Les corps inanimés pa- raissent uniquement passifs : mûs ou en repos, ils reçoivent ces modifications des autres êtres ;

et dans les différens développemens que les causes naturelles y produisent, on ne remarque de leur part, ni intelligence, ni mouvement qui vienne d'eux-mêmes, ni réflexion, ni volonté, rien enfin qui ne soit l'effet d'une cause sensible. Au contraire, dans les êtres animés, il y a des actions, des mouvemens dont le principe est inhérent à ces êtres : dans ces actions, on apperçoit un but et un choix de moyens propres à y parvenir. Cette activité, cette volonté, cette intelligence qui, chez les animaux, restent bornées dans leurs effets et dans leur développement, se manifestent dans l'homme par des effets si étonnans et tellement supérieurs à tout ce que la nature animée nous présente, qu'il faut reconnaître entre l'homme et les animaux, une différence aussi grande que celle qui distingue ces derniers des êtres insensibles. C'est ce principe par lequel l'homme veut, agit et pense, qu'on a nommé esprit : principe *simple*, par opposition aux corps étendus et composés de parties ; principe *actif* qui a, en lui-même, la cause de son action, et qui l'exerce sans obéir à des impulsions étrangères ; principe *intelligent* qui réfléchit, délibère, se propose une fin, choisit les moyens ; principe qui nous fait connaître tout, mais qui ne nous est connu lui-même que par ses effets.

L'idée de *dieu* est la même que celle de *cause première*. L'idée de cause tient à la connaissance des effets. En remontant d'effets en effets, de causes en causes, la réflexion et le raisonnement

7 *

nous conduisent à une cause qui elle-même n'a pu en avoir, qui est antérieure à tout ce que nous concevons comme effets, et de laquelle dépend, pour l'existence et pour la conservation, cette immense chaîne de causes secondes et d'effets que nous nommons *nature, univers.* A cette idée de cause première se rattachent tous les attributs sous lesquels la raison humaine conçoit la divinité, tels que la nécessité, l'éternité, l'unité, la puissance, la bonté, la justice, la sagesse, etc. Toutes ces idées morales ou métaphysiques ne nous présentent pas Dieu tel qu'il est en lui-même, mais seulement tel qu'il nous est possible de le comprendre par la pensée : c'est-à-dire, que nous composons l'idée de dieu de tout ce que nous connaissons de plus parfait, en y ajoutant encore l'idée d'infini. L'idée métaphysique de *dieu* est donc acquise par le raisonnement et par la réflexion ; et ce n'est qu'en ce sens qu'on peut démontrer l'existence de dieu.

Défauts à éviter dans la formation des idées.

Les qualités que nous avons reconnues dans les différentes espèces d'idées, l'analyse que nous venons de faire de celles qui sont très-abstraites, prouvent combien le travail de l'esprit, dans la formation des idées, peut avoir d'influence sur les autres opérations, et combien il serait essentiel de ne passer à l'ét   des sciences, que quand on est en état de   mpr ndre les notions précises sur lesquelles elles portent, et de suivre cette chaîne d'idées qui range dans un ordre méthodique et facile, toutes les connaissances relatives à un même objet. Mais presque toujours nos idées sont déjà faites avant que nous puissions en reconnaître les qualités et les défauts : alors il ne reste qu'à revenir sur nos pas, pour rectifier les erreurs qui se sont glissées dans nos premières opérations. Voici, en général, les causes qui, réunies ou séparées, empêchent que les idées ne soient bien faites, bien distinctes, propres à être la matière facile des opérations exactes que les sciences doivent faire sur elles. Car il ne s'agit ici que des idées, par rapport à des connaissances précises et d'un ordre supérieur : relativement aux usages ordinaires et communs, les idées, bornées à des choses faciles et familières, sont toujours suffisamment déterminées et autant que le besoin l'exige.

1.º Nous devons aux sens toutes ces premières idées que nous avons appelées simples, et à l'égard desquelles nous sommes purement passifs. Il n'y a pas de doute qu'en exerçant beaucoup les sens et en vérifiant leurs rapports, nous n'ayons un plus grand nombre d'idées, et qu'elles ne soient plus claires : de là des abstractions plus exactes, plus étendues, des comparaisons plus faciles et plus sûres et qui placent naturellement l'esprit sur le chemin de la réflexion. Cette première instruction, par les sens, prépare à une autre vers laquelle on pourrait adroitement la diriger dès l'enfance. En jugeant et en raisonnant sur des choses sensibles, on arriverait par degrés à des idées intellectuelles et à des opérations plus difficiles.

2.º La marche de la nature est lente; il faut l'accélérer par l'instruction. Mais cela même a ses inconvéniens : en voulant trop hâter les progrès, on les retarde; les idées entrent confusément dans l'esprit, la chaîne des opérations ne s'établit pas : on n'a qu'une mémoire de mots, au lieu de cette vraie mémoire d'idées et de choses qui résulte d'un travail régulier et fait avec attention (38).

3.º Les langues sont l'instrument le plus précieux de la pensée; et cependant il peut arriver qu'elles nuisent à ses développemens et à sa justesse. Cela a lieu, lorsque la connaissance de la langue n'est pas en rapport avec les progrès de l'esprit, lorsqu'on veut donner les signes ou les mots avant les idées qu'ils expriment. Le mot est le signe d'une idée, mais il ne la donne pas; seulement il la fixe et la rappele : que le mot et l'idée arrivent donc toujours ensemble.

Quelques philosophes attribuent la confusion des idées à l'insuffisance des langues; c'est à tort : il n'y a point de langue insuffisante pour quiconque sait penser ; et dès que l'idée est bien claire et bien déterminée dans l'esprit, il est aisé de trouver dans la langue les mots qui lui correspondent.

4.º **Les** opérations de l'esprit sont ; comme celles des sens, l'effet de l'exercice et de l'habitude ; point de faculté dans l'homme qui puisse se perfectionner autrement que par un usage fréquent. La pensée, pour avoir toute son activité et son étendue, doit se porter sur un grand nombre d'idées, en faire à-la-fois, et aussi sûrement que promptement, une multitude de combinaisons, et saisir, au milieu de tant de rapports divers, ceux qu'on cherche à connaître. Cette vivacité, cette pénétration, cette justesse, qu'on prend ordinairement pour des dons de la nature, ne sont réellement que le fruit de l'exercice, de l'habitude et d'une culture assidue.

5.º **Pour** conserver aux facultés intellectuelles tout leur ressort, il n'est pas moins nécessaire de varier les objets sur lesquels elles s'exercent. En les appliquant exclusivement à une partie, dans la suite on les trouverait inhabiles aux autres. D'ailleurs, les connaissances humaines sont tellement liées, qu'il est impossible d'en isoler parfaitement aucune.

6.º **Dans** le grand nombre des idées, des sensations, des affections ou passions qui concourent à former l'ensemble de nos connaissances, il arrive souvent que quelques-unes nous frappent plus vivement, s'attirent plus fortement notre attention et nous deviennent plus habituelles et plus nécessaires ; alors, exclusivement occupés de celles-là, nous ne voyons les autres objets que par les rapports qu'ils peuvent avoir avec elles. D'autres fois, ce sont des idées disparates qui se présentent ensemble à l'esprit : la forte impression qu'elles font, est cause qu'on les lie indistinctement à toutes les autres. Cette liaison peu naturelle se fortifie par l'habitude et finit par nuire plus ou moins à la justesse des opérations de l'esprit.

ARTICLE TROIS.

LOGIQUE.

LE mot *Logique* est grec : littéralement, il signifie ce qui a rapport à la parole; en l'appliquant spécialement à l'art de penser, on donne à entendre que cet art est considéré comme intimement uni à celui de parler. Et effectivement, les observations et les règles logiques sur les opérations de l'esprit, étaient en grande partie fondées sur certaines formes de la proposition et sur les combinaisons artificielles auxquelles on les assujettissait dans le raisonnement.

Nous avons vu que la faculté de penser est naturelle à l'homme, qu'elle s'exerce, se développe, se perfectionne par des moyens faciles et communs à tous. Comment donc peut-on dire que penser est un art, et en quoi cet art peut-il consister ?

Tout art, dit-on, a pour objet l'imitation de la nature; et pour imiter la nature, il faut observer ses ouvrages, étudier sa marche et ses procédés, réduire ces observations en règles et s'y conformer dans les ouvrages qu'on fait à l'exemple de ceux que la nature nous offre pour modèles. Les préceptes d'un art ne sont donc pas arbitraires, ils sont donnés par l'objet même dont on se propose l'imitation : étudier les préceptes, c'est les chercher, les découvrir, ou dans la nature d'où les grands maîtres les ont tirés, ou dans les chefs-d'œuvres qui les montrent mis en pratique; il n'est pas d'autre moyen d'apprendre un art.

Penser est devenu un art, comme tous les autres, par l'observation et la réflexion ; c'est en nous-mêmes et dans nos propres opérations qu'il faut en chercher les règles.

Nos premières opérations sont si simples, si naturelles, que tous les font avec la même facilité, la même sûreté : sensations, idées, signes; voilà le fonds commun de toute pensée. Dans les choses de besoin, d'un usage fréquent et journalier, tous pensent, jugent, raisonnent de la même manière, à peu-près avec la même justesse; par instinct, par habitude, par la force de l'exemple, on suit des règles sûres et constantes, sans se douter qu'il existe des règles; notre intérêt et celui de la société n'en exigent pas davantage : c'est-là la logique naturelle qui s'établit d'elle-même et sans efforts dans l'esprit, lorsque les opérations ne roulent encore que sur des idées peu complexes, bien déterminées dans les signes, et dont les rapports sont en petit nombre et faciles à saisir. Tant que l'homme ne sort pas de cette sphère, il a peu de connaissances, mais elles sont sûres; s'il ignore, au moins il n'a pas d'erreurs, et un art de penser lui est inutile.

Quand, de ces notions simples et communes, on passe aux considérations abstraites et compliquées de la science, les idées étant déjà loin de leur origine, n'offrent plus des rapports aussi sensibles ; les compositions et les analyses se multiplient ; la comparaison exige plus d'attention ; la réflexion doit embrasser à-la-fois une multitude d'idées et de rapports ; la langue s'éloigne de ses acceptions usuelles : de là, l'embarras et la confusion qui produisent les erreurs et l'incertitude ; de là, des conséquences différentes et souvent opposées, quoique tirées des mêmes principes. Alors la logique naturelle se trouve insuffisante, il faut l'aider par la logique artificielle.

On trouvera la logique artificielle, si, revenant sur les premières opérations dont la bonté est incontestable, on examine attentivement les procédés que la nature nous a suggérés pour les faire : alors on verra que les idées, les jugemens et les raisonnemens de la science sont précisément, pour la forme, les mêmes opérations qu'on faisait sur des choses plus sensibles ; et que, pour rendre celles de la science aussi sûres, il ne s'agit que de déterminer les idées abstraites et complexes avec la même précision qui se trouve dans les premières idées et dans les premières abstractions. Ainsi, point de logique artificielle sans l'analyse de l'entendement et sans la connaissance raisonnée des langues : l'une, en suivant la chaîne des opérations de l'esprit, nous en indique les différentes formes; l'autre nous aide à mieux déterminer les idées par l'acception véritable des mots qui en sont les signes. Le bon logicien est celui qui raisonne ses opérations et qui n'en admet les résultats, que parce qu'il connaît les moyens par lesquels il les a obtenus (39).

La logique rappele à quatre formes générales les opérations de l'esprit; *idées, jugement, raisonnement* et *méthode.* Cette division est ancienne; elle est fondée sur le progrès naturel que nous avons observé : notre connaissance commence d'abord par des perceptions qui deviennent des idées intellectuelles; elle s'étend par la compararaison qui fait appercevoir ou juger des rapports; elle embrasse par le raisonnement des combinaisons plus difficiles; enfin, elle se complète par la méthode qui vérifie la bonté des opérations détachées, par la justesse des rapports qu'elles ont dans le tout qu'on nomme science.

Dans l'article précédent, nous avons indiqué les qualités des idées et les défauts à éviter dans leur formation; les règles des opérations suivantes se déduiront naturellement de ces premières : tout est lié dans l'entendement, et une opération n'est juste, qu'autant qu'elle est amenée et préparée par les précédentes.

JUGEMENT.

Le jugement est l'opération essentielle de l'esprit, celle pour laquelle se font toutes les autres et à laquelle elles se rapportent. Les idées ne sont que la matière du jugement ; le raisonnement n'a lieu que pour former un jugement par le moyen de plusieurs autres ; et la méthode n'est que l'ordre mis entre ces différentes opérations : ainsi juger, c'est penser dans toute l'étendue de ce mot.

Il y a déjà dans les sensations une sorte de jugement, puisqu'elles nous indiquent les rapports des objets à nous. Mais ce n'est là qu'une comparaison naturelle ; elle se fait sans que l'esprit y prenne part ; elle résulte uniquement de la constitution de l'être sensible attiré par le plaisir ou repoussé par la douleur. Le besoin physique détermine l'action de l'être sensible ; l'impression qu'il reçoit de l'objet, l'avertit que cet objet convient ou ne convient pas à ses besoins, à son organisation : il n'y a là qu'un pur mécanisme dont le jeu est déterminé par la nature et ne peut par conséquent être soumis à des règles de logique. Cependant, dans la suite, ces rapports sensibles des objets à nous, deviendront de vrais jugemens, lorsque l'esprit mêlera ses opérations à celles de la sensibilité.

Lorsque de nos sensations nous avons tiré quelques idées, et que, par le moyen des mots, nous avons conçu les abstractions les plus ordinaires et les plus faciles, les jugemens qu'elles fournissent ne supposent pas beaucoup d'efforts de la part de l'esprit; l'usage et l'habitude, l'instruction et l'exemple nous ont bientôt appris à comparer un petit nombre d'idées, entre lesquelles nous ne saisissons que les rapports les plus sensibles et qu'il nous est impossible de ne pas remarquer. Ces jugemens se rectifient d'eux-mêmes par la répétition continuelle que nous avons occasion d'en faire à chaque instant. De pareilles opérations ne doivent pas beaucoup développer l'entendement; mais plus elles sont bornées, moins elles sont sujettes à erreur.

Le jugement devient un acte complet de l'esprit, quand, comparant des idées complexes, comme le sont celles dont les sciences s'occupent, il cherche à découvrir les rapports qu'elles peuvent avoir entr'elles. Ces rapports sont en grand nombre, quelquefois très-compliqués, souvent même opposés en apparence; il faut donc la plus grande précision, pour démêler dans la foule ceux dont on a besoin; une analyse rigoureuse, pour faire sortir par la décomposition toutes les parties d'une idée complexe; et la réflexion la plus profonde, pour accorder et réunir ces parties sous le point de vue unique et général qu'on cherche à saisir. Le jugement considéré de cette manière, est soumis à des règles; c'est une opération importante et difficile, qui peut être bien ou mal faite , conduire l'esprit à la vérité ou l'entraîner dans l'erreur (40).

Les idées sont la matière nécessaire du jugement: pour qu'il s'exerce , il faut que nous ayons déjà fait des abstractions , des genres , des classes, et que tout cela soit déterminé par des signes. Mais le jugement, à son tour , contribue beaucoup à rectifier les idées; puisque la nécessité de prononcer sur leurs rapports, nous force continuellement à les étudier dans leurs élémens et dans leurs signes.

Le but du jugement est de connaître un rapport; le moyen , c'est la comparaison des idées, c'est-à-dire, l'examen et l'analyse ; l'acte de l'esprit est l'affirmation du rapport apperçu. Voilà pourquoi on a défini le jugement, l'opération par laquelle l'esprit apperçoit et prononce que des idées qu'il a comparées, se conviennent ou ne se conviennent pas. La bonté du jugement dépend donc, et de la manière dont nous avons fait nos idées, et de l'attention que nous apportons à les comparer.

Avant de passer aux règles de jugement, il faut considérer la proposition qui est le jugement exprimé par des mots. Les logiciens distinguent dans la proposition la matière et la forme.

De la proposition logique : sa matière, sa forme,
ou sa quantité et sa qualité.

La matière de la proposition logique sont les deux idées que l'on compare, et le signe d'affirmation du rapport apperçu entr'elles : dans ce jugement exprimé *la terre est ronde*, *terre*, *ronde* sont les deux idées comparées; le mot *est* exprime le rapport de convenance découvert par le moyen de la comparaison. Dans cet autre jugement, *les planètes ne sont pas lumineuses par elles-mêmes, ne sont pas* expriment le rapport de disconvenance apperçu et affirmé par l'esprit. On peut dire qu'il y a toujours affirmation dans le jugement, quoique la proposition ait une forme négative : au reste, cette question agitée avec importance dans les anciennes logiques, n'est que de mots: affirmer convenance , c'est nier disconvenance ; et réciproquement.

Des deux idées qui sont la matière de la proposition, l'une est *sujet*, l'autre *attribut.*

Le sujet est l'être physique ou intellectuel auquel on affirme que telle qualité, tel état, telle action convient ou ne convient pas.

L'attribut est la qualité, l'état, l'action qu'on affirme convenir ou ne pas convenir au sujet. Il faut observer que l'attribut n'est pas nécessairement une de ces qualités que les langues expriment par des mots adjectifs; ce n'est souvent qu'un genre,

une

une espèce sous lesquels on affirme que le sujet doit être compris : *la terre est une planète, l'homme est un animal, la justice est une vertu.*

Le signe qui affirme le rapport, et qu'on nomme *verbe* dans les langues, s'appele, en logique, *lien* ou *copule :* en effet, il présente les idées unies par la comparaison et par le rapport qui existe dans l'esprit en vertu de cette comparaison.

Il est bon d'observer que l'idée du sujet, de même que celle de l'attribut, peut amener à sa suite d'autres idées qui en sont le complément ou l'explication. Quand on dit : *la logique, sans l'analyse de l'entendement et sans l'étude raisonnée de la langue, n'est qu'un art trompeur et propre à faire des sophistes ;* le sujet est la *logique* considérée de telle manière ; l'attribut est *art*, mais l'art pris dans un sens restreint. Nous renvoyons à la partie grammaticale tout ce qui regarde les propositions composées et complexes.

Les formes de la proposition viennent ou de son étendue, ou de l'affirmation et négation, ou enfin de l'opposition.

1.º La proposition considérée quant à son étendue, ou à sa quantité, peut être universelle, particulière et singulière.

La proposition est universelle, lorsque rien ne restreint l'étendue de l'idée qui en est le sujet ;

alors le sujet comprend tous les individus de l'espèce, ou toutes les espèces du genre : *l'homme est perfectible, sociable; tout animal est sensible; les trois angles du triangle valent deux angles droits.* Ces propositions, quand même elles n'auraient pas le signe d'universalité, se disent de tous les hommes, de tous les animaux, de tous les triangles; elles sont en matière nécessaire, comme disent les logiciens; c'est-à-dire que l'attribut est une de ces qualités essentielles, un de ces caractères distinctifs qui ne sont pas accidentels ou propres à l'individu, mais qui lui sont tellement nécessaires que, s'il ne les avait pas, il n'appartiendrait plus à cette espèce, à ce genre qui sont distingués par ces caractères. Ainsi, pour faire de ces sortes de propositions, il ne faut pas avoir examiné séparément chaque individu; il suffit de connaître la compréhension de l'idée abstraite soit générique, soit spécifique. Ces propositions s'expriment toujours par une forme absolue, par un présent invariable *est*; leur vérité ne peut dépendre d'aucune circonstance de tems ni de lieu.

Il y a une autre sorte d'universalité qu'on appele *morale*, qui ne doit s'entendre que du plus grand nombre et de ce qui arrive le plus communément; *le Français est courageux; le vicieux ne se corrige pas,* etc. Ces maximes générales auxquelles l'observation et l'expérience ont donné lieu, n'ont pas une universalité absolue et à laquelle on ne puisse faire quelques exceptions.

Les propositions universelles sont, pour l'esprit, d'un grand usage; elles donnent la vérité abstraite, la seule dont s'occupe la science. Ces propositions une fois connues et admises servent à juger promptement dans les cas particuliers auxquels on peut en faire l'application. Ainsi, de même que, par le moyen de nos idées abstraites, nous rapportons tout d'un coup chaque perception, chaque idée individuelle à sa classe; de même, par le moyen de quelques jugemens généraux, nous prononçons facilement et sûrement des jugemens particuliers : car alors, il ne s'agit plus que d'affirmer de tel individu ce que nous savons déjà, ce que nous avons déjà affirmé de l'espèce, du genre, de la classe à laquelle il appartient.

La proposition est particulière, lorsque l'étendue du sujet est restreinte à un ou à quelques individus, mais qu'on ne désigne pas : *quelques hommes sont savans, un philosophe a dit*, etc. Les propositions particulières sont indéterminées pour le nombre et pour l'application à tels ou tels individus ; ou bien, déterminées pour le nombre, elles restent vagues pour l'application individuelle. *Quelques hommes* ne présente ni le nombre des individus, ni quels ils sont. *Un homme* détermine bien le nombre, mais ne présente pas tel individu plutôt que tel autre. Les propositions particulières ne peuvent donner des connaissances absolues et entières ; elles ne conduisent pas par

8.

elles-mêmes à la vérité ; aussi nous ne les considérons ici, que par leur rapport avec les autres propositions.

La proposition est singulière, lorsque l'étendue du sujet est déterminément restreinte à un ou à plusieurs individus exprimés par leur nom, ou déjà censés connus : *Pierre est vertueux ; ces hommes sont savans.* Les propositions singulières se bornent à affirmer du sujet une qualité, un état ordinairement accidentels et variables ; et on n'en peut rien conclure par rapport à l'espèce ou au genre entier du sujet. Au contraire ce qui se dit collectivement de tout un genre, peut se dire singulièrement de chaque individu.

2.º L'affirmation et la négation sont de pures formes de la proposition considérée comme opposée à une autre proposition, ou comme liée avec d'autres dans l'opération du raisonnement.

Il y a opposition entre deux propositions quand, le sujet et l'attribut étant les mêmes et pris dans le même sens, l'une affirme convenance et l'autre la nie. Comme l'opposition n'a lieu que pour faire sortir par la discussion la vérité des propositions, il faut appliquer à chaque espèce de propositions les opposées qui lui conviennent.

A une proposition générale on peut opposer, ou une proposition générale, ou une particulière, ou une singulière : à celui qui soutiendrait que *toutes les sciences sont inutiles*, on peut répondre en opposant *aucune science n'est inutile*, *quelques sciences ne sont pas inutiles*, *les mathématiques ne sont pas inutiles*.

A une proposition particulière, on ne peut opposer qu'une proposition générale : *quelques hommes sont savans*, *aucun homme n'est savant*. Il ne peut y avoir d'opposition entre deux propositions particulières : *quelques hommes sont savans*, *quelques hommes ne sont pas savans*, ne sont pas opposées; les sujets ne sont pas déterminés; toutes deux peuvent être vraies, comme elles le sont dans l'exemple cité.

Une proposition singulière a pour opposées une singulière et une générale : *Pierre est savant*, *Pierre n'est pas savant* et *aucun homme n'est savant*.

De là deux sortes d'opposition, l'une *contraire*, et l'autre seulement *contradictoire*.

L'opposition est contraire, plus que suffisante, la plus grande possible entre deux propositions générales ; *tous les hommes sont savans*, *aucun homme n'est savant*; la seconde dit plus qu'il ne faut pour nier la première, il suffirait de dire *quelques hommes ou même un homme n'est pas savant*. Aussi deux propositions générales opposées peuvent être toutes deux fausses, quoiqu'elles ne puissent être toutes deux vraies.

L'opposition est contradictoire, suffisante et stric-

tement nécessaire, entre deux propositions singulières, *Pierre est savant, Pierre n'est pas savant ;*
ou entre une générale et une singulière, *tout homme
est savant, Pierre n'est pas savant;* la seconde proposition de chaque exemple dit assez, et précisément ce qu'il faut, pour réfuter l'autre.

Ces considérations générales sur la matière et
la forme des propositions ne doivent pas paraître
trop minutieuses, quand on sait que la rectitude
des opérations de l'esprit est intimement liée à
la précision des signes qui servent à les faire;
d'autant plus que dans les discussions nombreuses
auxquelles la recherche de la vérité donne lieu,
il faut pour rejeter ou admettre les opinions des
autres, bien les comprendre dans l'expression;
les ramener à l'état précis de la question, lorsqu'ils s'en écartent. Mais en accordant à ces formes le degré d'utilité qu'on ne peut guère leur
refuser, il ne faut pas non plus leur donner
trop d'importance, ni oublier qu'elles ne sont
qu'un moyen subsidiaire pour arriver à la vérité (41).

Règles critiques du jugement : Vérité et Certitude.

La vérité, dans le jugement, consiste à affirmer des objets ou de nos idées, des rapports
exacts et conformes aux moyens que nous avons
pour connaître. Il n'y a pas d'autre vérité pour
nous; elle est dans l'accord même de nos opérations, et ce n'est qu'en appercevant cet accord,

que l'esprit a la *certitude* qui n'est que la conscience de l'exactitude qu'il a mise dans son travail.

Il y a fausseté ou erreur dans nos jugemens, quand nous affirmons de nos idées ou des objets, des rapports qui ne peuvent s'accorder avec les idées, les connaissances, les vérités déjà établies dans l'esprit. Car la vérité est une conformité, non pas aux choses telles qu'elles sont en elles-mêmes, mais aux idées telles que nous les avons par des opérations régulières ; ainsi l'erreur ou la fausseté n'est pas le défaut de conformité aux choses en soi, mais à la manière exacte de les voir. Et c'est pour cela que nous n'admettons pour vrai, que ce qui s'accorde bien avec ce que nous connaissons déjà ; que nous rejetons comme faux, tout ce qui y est contraire ; et que nous suspendons notre jugement sur tout ce que nous ne voyons pas assez clairement convenir ou disconvenir avec nos autres idées.

C'est strictement dans ce sens qu'on peut dire que la vérité est une et qu'elle a des caractères propres auxquels il est impossible de la méconnaître. C'est à saisir ces caractères qu'on doit s'appliquer, quand on veut constater la vérité des jugemens, avoir la *certitude.*

Vérité et certitude, en fait de jugement, sont deux choses très-différentes : la vérité est dans la justesse des rapports, dans la bonté même de l'opération ; et la certitude est dans la conviction qu'a l'esprit de la bonté et de l'exactitude de son opération ; tout le monde peut rencontrer la vérité, le plus petit nombre est capable de certitude; celui-là seul a la certitude, qui peut connaître et apprécier la force des motifs qui le déterminent à juger (42).

Motif, en matière de jugement, est ce par quoi l'esprit est mu ou porté à juger. Il y a généralement deux sortes de motifs; les uns, qui donnent une conviction pleine et entière, qui sont inséparables de l'objet du jugement, qui se confondent et s'identifient en quelque sorte avec lui; les autres, qui ne donnent jamais une certitude absolue, qui n'ont qu'une force relative et qu'il faut évaluer, qui sont pris hors de nous et sont étrangers à la chose à juger. Assigner à chaque jugement l'espèce de motif qui lui convient ; calculer avec précision ce qu'il y a de certain dans notre connaissance, ce qu'il y a encore d'obscur, d'incomplet ; jusqu'où elle peut s'étendre et où nos recherches doivent s'arrêter : telle est la seule manière de donner à l'opération du jugement toute sa rectitude. Il en résulte une critique saine, à l'aide de laquelle l'esprit marche avec assurance dans le chemin de la vérité. Car ce qui, en général, manque à la très-grande partie des hommes, ce sont moins les connaissances, que le jugement ou la manière sage de les employer : et on les employe nécessairement mal, quand on ne sait pas les prendre justement pour ce qu'elles sont, et qu'on leur suppose à toutes la même certitude, quoiqu'il y en ait très-peu qui en portent avec elles le caractère.

Il y a trois motifs qui donnent à nos jugemens la certitude la plus entière ; *le sens intime, la relation des sens,* et *l'évidence.*

1.º Nous avons vu comment l'être sensible, affecté par les diverses impressions des objets, passe du sentiment de ces affections à la connaissance de lui-même et des objets, distingue ses modifications passagères de son existence propre et permanente. Par-là, s'établit en chacun de nous la conscience de son être, de son état présent, de ses affections, de ses opérations. C'est cette conscience de nous-mêmes et de ce que nous éprouvons actuellement, qu'on appelle sens intime. Les connaissances de sens intime se réduisent à nous attester la continuité et l'identité de notre existence, notre manière actuelle d'exister affectés de tel sentiment, occupés de telle idée. On dira, si l'on veut, que ce ne sont pas là de véritables jugemens ; mais au moins, on ne peut nier que ce que nous connaissons de cette manière n'ait pour nous la plus grande certitude. Et en effet, il est impossible qu'un sentiment soit dans l'ame, sans qu'elle le sente ; ou qu'elle le sente sans qu'il y soit : il n'est pas plus possible qu'une idée, une pensée soit présente à l'esprit, sans qu'il l'apperçoive ; ou qu'il l'apperçoive, sans qu'elle lui soit présente. Il est donc incontestable qu'il y a certitude dans ce que nous connaissons par le sens intime.

Il reste à examiner si l'on peut appeler ces connaissances de vrais jugemens, des opérations qui appartiennent à l'esprit; et cela n'est pas très-difficile à décider. Car, si le sentiment et l'affection appartiennent à l'être uniquement sensible, la conscience de ce sentiment, de cet état, appartient à l'être pensant. Indépendamment des opérations de l'esprit et antérieurement à elles, nous existions, nous étions affectés de différentes manières ; mais c'est par des opérations de l'esprit que nous nous concevons existans, sensibles, affectés etc. On dira peut – être que ces jugemens de sens intime sont en trop grand nombre, trop rapides, pour être des actes de l'esprit. Mais on répondra que l'esprit fait sur ses idées des opérations dont la promptitude n'est pas moins surprenante; que d'ailleurs le sens intime, quoiqu'il soit inséparable de tout état de l'ame et qu'il soit toujours prêt à nous l'attester, ne nous présente cependant bien distinctement que ceux de ces états auxquels nous avons occasion de donner notre attention.

Au reste le sens intime ne se définit pas, ne s'analyse pas ; c'est en soi-même qu'on doit en étudier les effets.

2.° Les jugemens que nous avons à porter sur

les corps, sur leurs qualités sensibles, généralement sur tout ce qui est hors de nous, ont pour motif la relation des sens, motif qui, dans les choses de son ressort, est aussi infaillible que le sens intime lui-même.

Pour discuter cette certitude du témoignage des sens, il faut se rappeler que ce que nous connaissons des corps, n'est jamais que l'impression telle qu'elle est sentie et ensuite formée en idée par une opération intellectuelle. Il faut également se souvenir que l'exercice et l'habitude, en donnant aux sens de la précision, empêchent ou rectifient les erreurs légères qui pourraient naître de la précipitation ou de l'inexpérience.

Cela posé, nous sommes sûrs de l'existence des corps, c'est-à-dire, qu'il y a hors de nous quelque chose de réel dont l'action et les rapports avec nous sont la cause occasionnelle des modifications continuelles que nous éprouvons.

Nous sommes également sûrs de l'existence de notre propre corps, c'est-à-dire, que nous distinguons très-exactement les organes par lesquels nous recevons les impressions, des sensations mêmes qui sont la suite de ces impressions.

Enfin, nous sommes sûrs des qualités, modifications, ou états des corps; puisque nous sommes sûrs par le sens intime des états ou modifications de notre ame, et que ce sont ces modifications rapportées aux corps, que nous nommons leurs qualités sensibles, les manières dont ils peuvent nous affecter.

Mais cette certitude que nous avons en général sur l'existence et les qualités des corps, l'avons-nous aussi, quand nous prononçons sur l'existence et les qualités de tel corps ? Oui, sans-doute : car, en vertu de la relation des sens, on ne prononce jamais que l'impression qu'on a éprouvée; et on ne l'a éprouvée que parce qu'un corps l'a produite et qu'il était propre à la produire.

Ici, l'on peut objecter ces sortes d'erreurs ou de jugemens faux dont nous avons déjà parlé, à l'article *sensations*. Mais premièrement, quand on dit que la relation des sens donne la certitude, on entend une relation uniforme et constante, le témoignage d'un sens vérifié par les autres et d'accord avec eux. En second lieu, on ne parle pas de ces jugemens précipités que l'esprit hazarde souvent sur les premières apparences et sans avoir suffisamment interrogé les objets par l'application des sens.

Répétons ici ce que nous avons déjà dit du sens intime. La relation des sens ne devient certaine pour l'esprit, que quand, par le moyen des idées, il a franchi les bornes de la simple sensation, et qu'il a distingué les objets, les qualités, les états, les actions. L'être purement sensible ne juge rien des objets; il sent seulement leur action. L'être pensant prononce sur les objets, il leur attribue l'existence et des qualités relatives aux impressions que les sens en ont reçues. *Ce fruit est rond, jaune, acide,* est un jugement certain sur des sensations exprimées par des mots ; cette certitude est en ce que l'esprit apperçoit que ces idées sont exactement conformes aux sensations correspondantes.

D'ailleurs si l'on voulait infirmer la certitude de la relation des sens, on ébranlerait par – là même celle des connaissances dont l'usage est le plus fréquent et le plus nécessaire : tout est fondé sur la relation des sens, et la société entière repose sur la certitude de leur témoignage ; c'est le premier moyen que la nature nous a donné pour connaître, et il serait bien étonnant que dans la suite il devint inutile ou trompeur. Disons plutôt ce qui est vrai : c'est que dans les jugemens que nous portons, même sur les choses sensibles, il n'entre pas seulement de la relation des sens ; mais que ce motif se combine avec les deux autres, que le sens intime et l'évidence même concourent à le fortifier ; enfin que ce n'est pas strictement aux sens qu'on accorde cette certitude, mais à l'esprit dans lequel elle s'est établie à la longue.

3.º Dans les jugemens que nous portons sur des idées abstraites et composées, nous avons pour motif de certitude l'évidence. L'évidence naît de la netteté et de la distinction des idées ; elle n'appartient qu'aux sciences exactes, parce qu'elles seules précisent avec rigueur les idées et leurs signes, et que dans la suite de leurs raisonnemens et de leurs propositions, les élémens restent toujours purs et inaltérables, tels qu'ils l'étaient dans les définitions. Tout ce que le mathématicien affirme du cercle, du triangle, il le voit évidemment dans les idées qu'il s'en est formées.

Pour celui qui a des idées nettes et distinctes de *tout* et de *parties*, il est évident que le tout est plus grand qu'une ou plusieurs de ses parties : le tout est, en effet, la somme des parties ; et les parties, moins une, ne sont pas la somme.

On ne définit pas plus l'évidence, qu'on ne la prouve ; il faut la voir : et quand elle s'offre à l'esprit, la force de son impression est telle qu'il faut s'y rendre. Mais une proposition évidente pour les uns ne l'est pas toujours pour les autres ; il faut alors leur analyser exactement les idées dont la confusion les empêchait d'en voir clairement les rapports.

L'évidence n'appartient pas si exclusivement aux sciences qu'on appele exactes, qu'elle ne se trouve encore dans les autres parties des connaissances humaines. Toutes les sciences ont, ou du moins peuvent avoir, des idées bien déterminées et sur lesquelles elles font des opérations très-exactes ; de-là des principes évidens, des démonstrations, des théories ; mais il faut convenir qu'il n'y a jamais la même précision, que dans les abstractions pures des Mathématiques. La raison en est très-simple. Les autres sciences se tiennent toujours près de leur objet réel : la Morale cherche les principes des mœurs pour l'homme tel qu'il est ; la Politique examine les règles propres à constituer les sociétés ; la Physique, les lois apparentes d'une nature réelle etc. Mais les Mathématiques se jettent, du premier pas, hors du réel et dans la plus haute abstraction, et elles s'y soutiennent d'un bout à l'autre. L'objet des autres sciences est donné, l'esprit doit y conformer ses idées; dans les mathématiques, il se fait à lui-même son objet, il ne lui est donc pas bien difficile d'y conformer son travail et d'appercevoir clairement cette conformité.

Quelques métaphysiciens n'admettent qu'un motif unique de certitude, l'évidence; mais alors l'évidence est, ou de fait, ou de sentiment, ou de raison : ce qui rentre dans les considérations qu'on vient de présenter.

Les-jugemens dont nous appercevons clairement la vérité, les propositions d'une certitude immédiate, sont ce qu'on appele des *principes*. Principe, qui signifie commencement, peut être considéré, ou par rapport à l'esprit qui découvre pour la première fois la vérité, ou par rapport aux sciences qui ont une marche méthodique pour trouver les vérités dont elles s'occupent.

Pour chacun de nous, les principes sont les premiers jugemens vrais que nous avons portés et dont l'exactitude nous a paru évidente, à mesure que nos idées sont devenues distinctes et nos opérations plus faciles. L'effet de ces premiers jugemens n'a pas été une connaissance importante, une découverte qui pût conduire à d'autres : mais c'était une opération exacte, un essai de notre faculté qui, en acquérant ainsi de la rectitude et de l'expérience, se préparait à saisir les principes abstraits.

Par rapport aux sciences, dont le but est l'exposition d'un certain nombre de vérités enchaînées les unes aux autres et qui s'appuyent mutuellement, les principes sont des vérités évidentes, mais simples, qui sortent immédiatement des idées de ces sciences. Ces principes une fois reconnus sont des points fixes, des termes de comparaison qui servent à vérifier la justesse des opérations suivantes dont on n'admet les résultats, qu'autant qu'ils se trouvent conformes aux premières vérités qui nous avaient frappés par leur évidence.

De-là, dans les sciences, cet ordre facile et régulier tout à la fois, qui présente d'abord quelques idées bien déterminées et précises, ensuite des principes clairs, simples et féconds; qui tire ensuite de ces principes les nouvelles propositions qui en découlent immédiatement, pour arriver

enfin

enfin aux conséquences les plus éloignées, mais par des intermédiaires si bien ménagés qu'on ne perde jamais de vue l'évidence qui n'est alors que la juste liaison des conséquences avec les principes.

Motifs du second ordre, et à quel degré de certitude ils peuvent atteindre.

Quelque précieuse que soit en elle - même la vérité évidente, quelque satisfaisante qu'elle soit pour l'esprit, elle ne doit pas être seule l'objet de nos recherches. Ce n'est pas la vérité abstraite qui est la plus utile ; c'est la vérité mise en pratique et appliquée à des cas particuliers ; et celle-là n'a pas toujours les caractères de certitude qui distinguent la première. Il faut donc qu'au défaut de l'évidence, nous nous contentions de motifs moins puissans, mais qui cependant suffisent pour décider le jugement de l'homme raisonnable. Ce qu'on sait de cette manière, est une véritable connaissance, quand on ne la prend que pour ce qu'elle est, et qu'on ne lui attribue que l'espèce de certitude qui lui convient. On peut même dire que, pour ces jugemens, l'esprit a besoin d'une plus grande sagacité ; parce que les rapports qu'il a à saisir ne sont pas fixes et constans, comme ceux des idées abstraites ; mais mobiles, changeans et variables, comme les passions, les volontés, les événemens, les circonstances. Ainsi par exemple : dans une théorie , on peut saisir les principes généraux et abstraits de gouvernement fondés sur la nature de l'homme et sur le but des associations ; on peut tracer les règles de la morale d'après les facultés de l'homme et d'après les rapports qu'il a avec les autres êtres ; on peut déterminer les lois de la mécanique , de la statique, de la dynamique etc., en ne considérant que des forces et des résistances abstraites : ce que la science démontre sur tout cela, peut être évident , parce que les idées sont fixes et les données certaines. Dans la pratique, c'est autre chose ; et quoiqu'on n'y perde jamais de vue les principes abstraits , cependant ils n'ont jamais dans l'application la même rigueur, la même précision, qu'ils avaient dans la théorie ; et cela est vrai , même des opérations mathématiques appliquées effectivement à la mesure des objets réels. ·

Concluons de là une vérité qu'on paraît ne pas assez sentir : c'est que la théorie et la pratique doivent marcher d'accord vers le but qui leur est commun ; que la théorie, sans la pratique, n'est qu'une suite de combinaisons stériles ; que la pratique, sans la théorie, n'est qu'une routine aveugle ; qu'enfin, si la théorie n'est que la pratique généralisée , la pratique ne doit être que la théorie appliquée à des cas particuliers.

Les premiers motifs dont nous avons parlé , produisent immédiatement la conviction et décident l'assentiment : ceux que nous allons examiner, supposent une sorte de discussion et même quelquefois un raisonnement assez développé ; leur force n'est pas entraînante, comme celle de l'évidence ; elle est susceptible de différens degrés ; ils ne frappent jamais l'esprit de cette lumière vive et nette qui dissipe entièrement l'obscurité. Ces motifs, qu'on pourrait appeler du second ordre, sont le *témoignage des hommes*, *l'analogie*, *l'autorité*, *l'opinion*, la *probabilité* et la *conjecture*. La très-grande partie de nos jugemens ne peuvent avoir d'autres motifs ; il est donc essentiel de rechercher jusqu'à quel point ils approchent de la certitude (43).

Témoignage des hommes.

Ce qu'on appele fait, ne peut être connu que de deux manières ; ou par la relation des sens, ou par le témoignage de ceux qui, de vive voix ou par écrit, nous en transmettent la connaissance.

La vérité du fait est certaine et évidente pour ceux qui ont vu et examiné le fait avec toute l'attention qu'on exige de la relation des sens, pour qu'elle soit assurée. Mais la vérité de ce fait sera-t-elle aussi certaine pour ceux qui ne le connaîtront que par voie de témoignage ? Voilà ce qu'il faut examiner ; et pour cela, il faut distinguer les caractères qui appartiennent au fait, et les qualités qu'on est en droit d'exiger de ceux qui l'attestent. On ne peut poser ici que quelques règles générales de critique, mais dans lesquelles il est facile de faire rentrer les cas particuliers.

Quant au fait, il faut premièrement distinguer ce qu'il y a de principal et ce qui n'est qu'accessoire : car ce qui est essentiel peut bien être vrai et assez constaté, sans qu'on soit tenu d'accorder la même croyance aux détails, aux circonstances accidentelles et indifférentes au fond du fait. Ainsi par exemple : l'histoire est vraie et certaine dans sa généralité; on est sûr de l'existence des peuples et des hommes célèbres dont elle nous offre les révolutions, les exploits, les vices et les vertus. Cependant dans les détails, quelle incertitude! Dans les dates, quelle confusion! Quelles ténèbres sur l'origine des nations!

En second lieu, le fait est ancien, ou récent; il est arrivé près de nous, ou dans des lieux éloignés. On sent que la preuve d'un fait récent et à notre portée, est plus aisée à acquérir que celle d'un fait arrivé depuis long-tems et à une grande distance. Dans l'éloignement des tems et des lieux, les faits les mieux attestés paraissent toujours enveloppés d'un certain nuage qui laisse quelque chose à desirer à l'esprit.

Troisièmement, il y a des faits d'un grand intérêt, importans par l'influence qu'ils ont eue sur les destinées, la gloire, la prospérité d'un peuple, d'un homme illustre; d'autres, au con-

traire, indifférens par eux-mêmes, ne se rattachent pas nécessairement aux autres comme causes ou comme effets. Les premiers ont dû s'attirer l'attention, être bien remarqués et exactement connus; les autres, dénués d'intérêt, n'ont
rien eu de frappant et se perdent dans la foule.

Quatrièmement, il y a des faits merveilleux,
extraordinaires, qui semblent passer les bornes
connues du courage ou du pouvoir humain; plus
ils s'écartent des règles communes, et plus il
faut sévérement les discuter, toutefois en se sou-
venant que le vrai n'est pas toujours vraisemblable.

Enfin, ou les faits ont été publics et d'une
notoriété suffisante; ou ils ont été secrets, de
manière que peu d'hommes ont pu en avoir la
connaissance. On sent que le défaut de publicité
doit rendre plus difficile l'admission du fait.

Quant aux témoins, le nombre, l'unanimité,
les lumières et la probité sont les caractères essentiels qui donnent à leur témoignage cette force
morale qui opère la conviction.

Le nombre des témoins, on le voit, ne peut
être fixe et déterminé; il doit être nécessairement relatif à la nature et à l'importance du fait.
En général, plus ils seront en grand nombre, plus
leur déposition aura de poids; car il est plus difficile qu'un grand nombre d'hommes se trompent
ou s'accordent pour tromper. Ce n'est cependant

pas qu'en certains cas, le témoignage de quelques hommes ne doive l'emporter sur celui d'une multitude crédule, avide de merveilleux et de nouveautés.

L'unanimité et la constance dans les témoignages, les rendent plus croyables : ce n'est cependant que pour la substance du fait, que ce caractère est indispensable ; les variations ou les contradictions, sur des circonstances légères, ne suffisent pas pour rejeter le reste, quoiqu'elles doivent engager à l'examiner plus attentivement.

On exige des lumières et un jugement éclairé, dans ceux dont on veut faire valoir le témoignage. Car, ce n'est pas quelquefois le matériel du fait qu'il s'agit seulement de connaître ; il ne faut pour cela que des sens : souvent, c'est un ensemble de causes, d'effets et de circonstances, dont il faut saisir les rapports. Delà l'extrême difficulté de démêler la vérité dans les récits différens de ceux qui ont été témoins du fait, parce que chacun d'eux l'a vu à sa manière.

La probité, dans les témoins, est la qualité essentielle et sans laquelle ils réuniraient inutilement les autres caractères. Si quelque passion les agite, si l'intérêt particulier ou national les guide, si l'esprit de corps ou de parti les domine, leur témoignage est suspect ; on peut croire qu'ils veulent tromper.

De la réunion de tous ces caractères épars et

difficiles à saisir, se compose dans l'esprit une certitude qu'on appele *morale*, qui n'est pas l'évidence, mais qui a autant de force qu'elle.

On peut donc établir les propositions suivantes:

1.º Généralement, le témoignage des hommes est, relativement à l'histoire, un motif infaillible de jugement : car il y a des faits importans, vraisemblables, anciens et modernes, publics et notoires, attestés par un grand nombre de témoins dont la probité et les lumieres ne peuvent être suspectes et contre le témoignage desquels il n'y eut jamais de réclamations. Un pyrrhonisme universel sur l'histoire est donc une absurdité.

2.º Le témoignage des hommes, sur un fait particulier, peut être un motif infaillible de jugement. Les raisons par lesquelles on établit la certitude de l'histoire en général, peuvent se trouver réunies en faveur de tel fait, par exemple : de l'existence de Jules-César, de Louis XIV etc.

3.º Le témoignage des hommes, relativement à des faits ordinaires qui n'ont qu'un intérêt local et particulier, doit s'apprécier sur-tout d'après les qualités des témoins; et il est une règle suffisante de jugement. La raison ; c'est qu'il est des faits sur lesquels il est souvent nécessaire de prononcer; et la prudence veut alors que, ne pouvant avoir la certitude pleine et entière, on se décide par les motifs qui en approchent de plus près : or , ce calcul moral qui pese et balance les témoignages, peut seul nous donner cette approximation.

4.° Le témoignage d'un seul ou de quelques hommes peut être, pour un autre, un motif suffisant et même infaillible de jugement. Et cela a lieu, lorsque la probité et les lumières de celui dont on entend le témoignage, sont de nature à établir dans l'esprit la conviction intime qu'il n'a pu se tromper et qu'il ne peut vouloir tromper ; et il n'est pas rare d'avoir cette conviction.

Analogie.

L'analogie est une ressemblance entre deux choses dont l'une nous est bien connue et dont l'autre ne l'est encore qu'imparfaitement : cette conformité de rapports nous engage à juger de la seconde ce que nous avons déjà prononcé de la première. Il y a la plus grande ressemblance entre l'électricité artificielle et les phénomènes de la foudre ; le physicien juge qu'ils ont la même cause. Des planètes tournent autour du soleil ; l'analogie fait soupçonner que les étoiles fixes pourraient bien aussi avoir leurs planètes. L'analogie ne donne jamais de certitude ; mais dans quelques sciences, par exemple, en physique, elle met sur le chemin des découvertes.

En grammaire, l'analogie est d'un grand secours pour les observations générales et particulières sur les langues ; et elle peut se prendre de différentes manières. 1.º Il y a une analogie ou conformité de rapports entre les mots et les idées qu'ils expriment, soit que les mots imitent les objets, comme *murmure*, *fracas;* soit que les mots deviennent figurés et s'appliquent à d'autres objets à cause de quelque ressemblance, comme *foudre*, *torrent* appliqués à l'orateur, ou au guerrier ; *c'est la foudre qui écrase, c'est un torrent qui entraîne* etc. 2.º Il y a analogie ou conformité de rapports entre les opérations de l'esprit et les diverses parties de discours ; et c'est de ces rapports nécessaires et naturels que sortent les principes généraux et communs des langues. 3.º Enfin, dans une langue particulière, il y a entre les mots de la même espèce, entre les tours, les constructions, les usages propres à cette langue, une analogie qui donne des terminaisons ou formes semblables, qui décide les règles particulières, la marche, le génie de cette langue. C'est en vertu de cette triple analogie qu'on apprend si facilement les langues ; que ceux qui en ignorent les principes, s'y conforment cependant, et qu'ils sentent, mais sans pouvoir en rendre raison, les fautes commises contre ces principes.

Autorité.

Les jugemens portés par ceux qui ont examiné et approfondi une chose, une question, font autorité, c'est-à-dire, sont adoptés de confiance par ceux qui n'ont pas la même étendue de connaissances. Cette déférence pour le jugement d'un autre est nécessaire à celui qui, obligé de se décider et de prendre un parti, ne peut juger d'après ses propres lumières; elle est raisonnable, quand elle est motivée sur la supériorité reconnue et les talens de ceux dont on consulte le jugement : c'est ainsi qu'en physique, en chymie, en astronomie, en histoire naturelle, on s'en rapporte aux observations et aux expériences faites par des hommes célèbres. Mais dans les choses dont on peut juger par soi-même, il est dangereux de s'en référer simplement à l'autorité; et quand on embrasse les sentimens des autres, il faudrait que ce fût toujours pour la force des motifs qui les ont décidés eux-mêmes : autrement, on s'accoutume à une obéissance aveugle, à un respect servile propre à perpétuer les préjugés et les erreurs et à retarder les progrès de la raison.

Opinion.

Ce qu'on appele opinion doit être considéré sous trois points de vue généraux.

1.º en matière de science, l'opinion est le sentiment d'un ou de plusieurs hommes instruits sur une question qui n'est pas démontrée et qui est susceptible de différentes solutions. La diversité des opinions vient de ce que, ne connaissant pas la vraie raison des choses, on les explique par celles qui paraissent les plus satisfaisantes. Par exemple, on peut expliquer l'origine des connaissances humaines, ou par des idées innées qui se développent d'une manière relative aux circonstances, ou par des idées que l'esprit compose lui-même de celles qu'il doit aux sensations : dans l'une et dans l'autre opinion, l'entendement se conçoit à-peu-près de même, les opérations ont la même rectitude, les mêmes règles. Entre plusieurs opinions, on choisit celle qui explique plus naturellement et plus simplement les difficultés ; mais ordinairement on se décide pour celle qui est plus conforme à nos autres idées et qui rentre dans notre manière habituelle de voir.

2.º En matière particulière, soumise à l'examen et à la décision de plusieurs, l'opinion de chacun d'eux se forme d'après des principes généraux et communs, mais dont l'application et les conséquences peuvent varier par la manière dont chacun les considère relativement au fait en question : delà la très-grande difficulté de parvenir à l'unanimité. Cependant, comme il faut obtenir un résultat, la seule règle de prudence, c'est de regarder comme opinion de tous celle du plus grand nombre. On sait par expérience combien cette règle est peu certaine, et cependant il est clair qu'on ne peut en établir d'autres.

3.º En matière de morale ou de politique, et relativement à une société entière, l'opinion est une manière assez générale de voir, de penser,

de juger sur des choses qui tiennent à l'existence
ou à la prospérité d'un État. Cette opinion prend
d'abord naissance chez les hommes instruits qui
ont médité et approfondi la nature de l'homme
et celle des gouvernemens, qui connaissent le
génie, les mœurs, les ressources d'un peuple. Par
l'instruction et la communication des lumières,
l'opinion se propage de proche en proche, s'établit dans les esprits, et devient pour tous une
règle de jugement. L'opinion change et tombe par
les mêmes causes qui l'ont élevée, par la communication de nouvelles lumières. Plus les progrès
de l'opinion sont lents, plus ils sont sûrs. Au
reste, il ne faut pas confondre avec l'opinion, ces
systèmes d'un jour que les circonstances et l'intérêt du moment font naître et périr presqu'aus-
sitôt : l'une a des racines profondes; les autres
ne tiennent que légèrement et à des causes accidentelles avec lesquelles ils disparaissent.

Probabilité.

La probabilité résulte de la comparaison de
différens motifs, de différentes opinions ou opposées ou diverses, qu'on a examinées et pe-
sées attentivement, et dont les unes, sans être
décisives, paraissent l'emporter sur les autres. La
probabilité n'a qu'une force relative; et cependant
l'homme raisonnable doit savoir s'en contenter,
puisque, dans beaucoup de choses, il est impossible d'avoir plus que des probabilités. Il n'y a

pas d'erreur proprement dite dans les jugemens fondés sur la probabilité, quand même la chose serait ou. arriverait autrement qu'on n'avait jugé : car on n'a pas jugé qu'elle arriverait de telle manière, mais seulement que cela était probable ; et cela était effectivement probable, quoique le contraire soit arrivé. La probabilité est donc indépendante de la vérité et de l'événement.

Conjecture.

La conjecture est un jugement fondé sur l'observation et l'expérience du passé, sur les mœurs et le caractère des personnes qui agissent, quelquefois sur des rapports apparens entre des choses qui n'ont cependant pas une liaison nécessaire. En physique, en histoire naturelle, on fait des conjectures plus ou moins probables : on présume, par exemple, que la mer a autrefois couvert le continent, parce qu'on trouve dans l'intérieur des terres, des couches semblables à celles qui sont évidemment l'effet des eaux de la mer ; on présume également l'irruption de l'océan, par le détroit de Gibraltar, etc. En morale, le caractère, les intérêts d'un homme étant connus, on conjecture qu'il agira de telle manière. En grammaire, on présente des conjectures philosophiques, sur l'origine possible et probable des langues ; à la place des faits qui manquent, on en suppose qui sont dans l'ordre des choses, c'est-à-dire, conformes à ce que nous connaissons des facultés et des besoins de l'homme.

Maintenant, on peut voir qu'excepté les jugemens de sens intime, de relation de sens, et d'évidence, nos autres connaissances n'ont pas une certitude absolue. Car, le témoignage des hommes ne
peut s'évaluer que par une critique très-difficile,
l'analogie ne guide pas toujours sûrement; l'autorité entraîne plutôt le jugement, qu'elle ne l'éclaire;
l'opinion est changeante, la probabilité est trop voi-
sine du doute, et la conjecture est toujours un peu
hasardée.

Du Doute, et quel usage il en faut faire dans la recherche de la vérité.

Lorsqu'après un examen attentif et réfléchi, l'esprit n'apperçoit pas de motif pour appuyer son jugement, ou qu'il se trouve placé entre des motifs de
force égale et opposés, il reste indécis; il ne juge
pas, il doute. Mais dans ce doute même, il y a un
acte de jugement, puisque l'esprit voit et prononce l'insuffisance ou l'égalité des motifs, et qu'il
apperçoit clairement que, de deux propositions,
l'une n'a pas plus de certitude que l'autre : et cette
sorte de connaissance n'est pas aussi peu importante
qu'elle peut le paraître d'abord; puisqu'il est encore
plus essentiel pour l'esprit d'être exempt d'erreur
en suspendant son jugement à propos, que d'avoir
de prétendues connaissances qu'il employerait dans
la suite de ses opérations, comme certaines et entières.

Il y a un doute raisonnable; c'est celui de l'homme

sage et prudent qui, par amour sincère de la vérité, cherche de plus en plus à en appercevoir les caractères : ce doute doit cependant avoir ses bornes ; il serait ridicule, si l'esprit ne se rendait pas à l'espèce de lumière dont une chose est susceptible, et s'il voulait avoir l'évidence dans des matières où elle ne peut avoir lieu.

Dans les sciences, il y a une autre espèce de doute apparent qui consiste à mettre en question des vérités reconnues, non pas pour affaiblir leur certitude, mais pour se rendre de plus en plus ces vérités propres et certaines, par les diverses épreuves auxquelles on les soumet. Considérer un objet sous toutes ses faces, ne laisser aucun rapport sans en vérifier la justesse, c'est le moyen unique d'avoir des connaissances qui soient à nous ; et il n'y a que celles qu'on obtient par son propre travail, qui en méritent le nom ; de cette manière seulement, celles des autres peuvent nous devenir propres et personnelles.

Erreurs dans l'acte du jugement.

Il y a dans nos jugemens quelques erreurs, qui tiennent à la difficulté même des choses sur lesquelles nous avons à prononcer ; celles-là sont difficiles à éviter, et personne n'en est exempt.

D'autres erreurs viennent de précipitation, de préjugés, ou de passion : celles-là sont très-communes, dangereuses et difficiles à détruire, parce qu'elles se présentent à l'esprit sous la forme d'opérations bien faites.

1.º La précipitation est une source ordinaire d'erreurs , sur-tout chez ceux qui n'ont encore que peu de connaissances. En effet , quand on n'a encore porté qu'un petit nombre de jugemens, et sur des choses faciles, l'esprit les prend naturellement pour règle de ceux qu'il a à prononcer : alors, au lieu d'examiner la chose en elle — même, il la considère relativement à ce qu'il connaît déjà ; ces rapports apparens, légers et superficiels, le frappent et lui cachent ceux qu'une réflexion plus attentive et plus longue lui aurait découverts. De — là , les demi-connaissances , plus dangereuses que l'ignorance même : car l'instruction et l'étude peuvent dissiper l'ignorance ; tandis que celui qui s'est accoutumé à être superficiel , ne croit plus avoir besoin d'instruction.

2.º Préjugé , en général, est un jugement reçu sans examen , consacré par l'usage et fortifié par l'habitude. Ce qu'on appele préjugé, n'est donc pas nécessairement un jugement faux; et il y a même des vérités qu'on doit présenter de très-bonne heure à l'esprit, même avant qu'il puisse entièrement en comprendre toute l'étendue ; par exemple , les vérités pratiques doivent être inculquées à la généralité des hommes , encore plus par habitude que par jugement ou par raisonnement.

Les préjugés dangereux pour la raison, dont

ils

ils empêchent le développement et l'exercice, sont ceux qui, dans les sciences, regardant les opinions ou les découvertes anciennes comme le dernier effort de l'esprit humain, rejetent comme faux ou téméraire tout ce qui ne s'accorde pas avec elles. Cette espèce de préjugé tient aux méthodes dogmatiques et tranchantes, qui veulent s'emparer de l'esprit, au lieu de l'éclairer ; lui donner des opinions toutes faites, au lieu de le mettre en état de juger par lui - même et de choisir.

3.º Les passions aussi, selon leurs différens degrés de force, corrompent plus ou moins nos jugemens. Dans les choses qui peuvent être envisagées sous plusieurs aspects, la passion ne voit que celui qui lui est favorable ; et on ne peut être trop en garde contre cette foule de petits motifs secrets auxquels on obéit sans le savoir, en croyant ne se rendre qu'à la force de la vérité et de la raison.

RAISONNEMENT.

Par le jugement simple, on pourrait trouver un très-grand nombre de vérités ; mais l'opération serait longue, et d'ailleurs les vérités seraient isolées, détachées les unes des autres, et ne formeraient jamais dans l'esprit un tout régulier et complet. Pour simplifier le travail, et pour appercevoir les vérités dans l'ordre naturel de leur génération et de leur dépendance, il y a un moyen facile ; c'est le raisonnement.

Le raisonnement diffère du jugement ordinaire, en ce que celui-ci trouve immédiatement la vérité en comparant deux idées ; au lieu que le raisonnement compare deux jugemens, deux propositions, pour en former une troisième : en d'autres termes, raisonner, c'est connaître le rapport qui est entre deux idées, par les rapports que chacune d'elles a avec une troisième. Par exemple : je ne sais pas si l'angle *A* est égal à l'angle *B* ; je ne peux pas les comparer immédiatement : mais je sais que *A* est égal à *C*, et que *C* lui-même est égal à *B* ; je sais par-là même que *A* est égal à *B*, et je ne le sais que par une comparaison indirecte entre *A* et *B*. Au contraire, j'ai vu par une comparaison immédiate, par un simple jugement, que *A* est égal à *C* ; et que *C* est égal à *B*.

Ainsi, je pose dans cet ordre les trois propositions :

> L'angle *A* est égal à l'angle *C* ;
> Or, l'angle *C* est égal à l'angle *B* :
> Donc, l'angle *A* est égal à l'angle *B*.

Je veux savoir si *un gouvernement sage doit encourager les arts et les sciences* ; je ne vois pas tout d'un coup la vérité de cette proposition : pour mieux la découvrir, j'ai recours à d'autres qui me sont déjà connues, et je dis :

Un gouvernement sage doit encourager et favo-
riser tout ce qui est utile à la société ; or les arts
et les sciences sont utiles à la société : donc tout
gouvernement sage leur doit protection et encoura-
gement.

La dernière proposition devient claire par le
moyen des deux précédentes dont elle n'est que
la suite et même une expression plus abrégée.

Et en effet, la vérité cherchée est dans celles
dont on se sert pour la trouver ; mais elle y est
comme cachée et compliquée : le but du raisonnement est de la dégager, de la reconnaître et de
la présenter sous une forme plus simple. La chose
est sensible dans l'exemple cité : celui qui sait
qu'un gouvernement sage doit encourager ce qui
est utile à la société, et qui, en examinant les
effets des arts et des sciences, s'est convaincu
qu'ils sont de la plus grande utilité ; celui-là savait déjà qu'un sage gouvernement doit les encourager ; mais il ne le savait que d'une manière
vague : il avait les élémens de cette vérité, mais
épars et mêlés dans d'autres vérités ; en rapprochant ces vérités, en les comparant, il a découvert celle qu'il cherchait, il l'a vue distinctement
sous sa propre expression. Ainsi le raisonnement
est une véritable analyse, au moyen de laquelle
on écarte successivement les différens termes de
comparaison qu'il a fallu employer pour arriver
au rapport simple et unique qu'on cherchait, ou

pour mieux constater une vérité qu'on connaissait déjà, en la confrontant avec d'autres qu'on
regarde comme incontestables (44).

L'opération du raisonnement est aussi naturelle
que les précédentes ; elle ne paraît un peu plus
difficile que parce qu'elle exige plus d'attention,
et que cette attention doit embrasser deux ou
plusieurs jugemens à la fois. Mais nous savons
déjà que l'attention est à la disposition de l'esprit, et qu'une opération bien faite le prépare
à faire aussi facilement et aussi sûrement les autres.

Le but du raisonnement est d'appercevoir une
vérité par le moyen de deux autres dans lesquelles
elle est renfermée : ainsi, pour que l'opération du
raisonnement ait toute sa rectitude, il faut deux
choses; vérité dans les jugemens qu'on employe,
et liaison de ces jugemens entr'eux et avec celui
qu'on en veut tirer.

D'abord il est visible que les jugemens dont
on se sert doivent être vrais ; sans cela, celui
qui en est la suite, ne le serait pas davantage.
Je ne connais A égal à B, que par le rapport
d'égalité de chacun d'eux avec C; et si je me suis
trompé en affirmant A égal à C, il y aura nécessairement la même erreur dans la proposition
A est égal à B. De même, s'il était faux que
les arts et les sciences fussent utiles à la société,
il le serait également qu'un gouvernement sage leur
doit des encouragemens.

Ainsi, les jugemens qu'on employe dans la chaîne du raisonnement, doivent être des vérités évidentes par elles-mèmes, ou déjà prouvées, ou du moins admises par ceux pour lesquels on raisonne ; et quand on met en principe une hypothèse ou supposition, la conclusion qu'on en déduit, n'est qu'hypothétique ou conditionnelle.

Mais c'est encore moins la vérité des propositions, qu'une certaine liaison, qui constitue le raisonnement. Cette liaison entre deux propositions ne peut se faire que par le moyen d'une idée qui leur est commune et qui, étant la même dans les deux, peut servir de terme de comparaison ; prenons les deux propositions suivantes :

L'ordre de l'univers est régulier et constant ; ce qui est régulier et constant est l'effet d'une cause intelligente.

Ces propositions se lient très-bien en raisonnement ; l'idée *régulier et constant* se trouve dans les deux, et elle est un terme exact de comparaison. Dans la première, elle convient avec *l'ordre de l'univers* ; dans la seconde, avec *cause intelligente* ; d'où l'on peut conclure que *ordre de l'univers* et *cause intelligente* sont deux idées qui se conviennent aussi, et que *l'ordre de l'univers est l'effet d'une cause intelligente.* Cette dernière proposition est strictement la même que l'une des deux premières dans laquelle on aurait remplacé

l'idée commune par son égale ou sa convenante;
la chose parle aux yeux, dans ce tableau :

L'ordre de l'univers   régulier

est

Ce qui est régulier   l'effet d'une cause intelligente.

Qu'on efface *régulier*, idée commune ou terme
de comparaison, et on a la conclusion qui est
la même que la première proposition dans laquelle on met, à la place de *régulier, l'effet
d'une cause intelligente ;* et qui est encore la même
que la seconde proposition dans laquelle, à la
place de *régulier*, on met *l'ordre de l'univers.*

C'est cette substitution d'un terme à un autre,
qui constate l'identité des propositions, c'est-à-
dire, que la nouvelle proposition est, sous d'autres termes, effectivement la même que celles
dont on connaissait déjà la vérité.

Souvent, deux propositions suffisent pour appercevoir clairement la vérité qu'on cherche; mais
quelquefois il en faut bien davantage; alors il
faut pousser le raisonnement plus loin, employer
d'autres propositions pour découvrir encore mieux
la vérité. Par exemple, s'il n'est pas encore assez
clair que ce qui est régulier suppose une cause
intelligente , on ira plus loin et on dira : *ou ce
qui est régulier suppose une cause intelligente , ou
bien il peut être l'effet d'une cause aveugle, telle
que le hazard; or, il est absurde d'attribuer au hazard*

quelque chose de régulier et de constant, etc. Et on continue d'employer ainsi des propositions intermédiaires, jusqu'à ce qu'on arrive à quelque chose de clair et dont l'esprit puisse se contenter. La règle à suivre, c'est de ne prendre ni trop, ni trop peu de ces propositions intermédiaires; car le raisonnement ne doit être ni obscur, ni lâche et diffus.

Une autre règle plus importante, quand on raisonne pour instruire les autres, c'est de partir des idées qu'ils ont dans l'esprit, des vérités et des principes qui leur sont familiers et connus : car, en général, ce n'est pas la vérité qui est difficile à trouver : c'est la manière de la présenter, qui manque le plus souvent à ceux qui se chargent de la faire valoir.

Dans le raisonnement, les propositions n'ont pas entr'elles un ordre fixe et nécessaire; et on peut dire indifféremment, *puisque la terre est ronde, il n'y a jamais qu'une de ses moitiés éclairée par le soleil;* ou, *le soleil n'éclaire jamais que la moitié de la terre parce qu'elle est ronde :* il est toujours assez facile de distinguer laquelle des propositions est principe, laquelle en est la suite.

De la forme syllogistique; ses abus; ses avantages; ses règles naturelles.

Pour donner au raisonnement plus de précision et de force, et pour appercevoir plus facilement ce qu'il a de juste et de vrai, ou ce qu'il pourrait y avoir de faux et de vicieux, les logiciens le renferment dans une forme serrée et rigoureuse qu'on appele *Syllogisme.* Peut-être a-t-on donné quelquefois trop d'importance à la forme syllogistique ; peut-être aussi l'a-t-on trop déprimée. L'abus de la chose ne doit pas faire renoncer à l'utilité réelle qu'elle peut avoir. Le syllogisme, lorsqu'il est employé à propos, présente à découvert le nerf du raisonnement ; il le dégage de toute idée accessoire, de toute expression inutile, pour ne fixer l'attention que sur ce qui est essentiel à la question ; il donne plus de force, plus de rapidité, soit pour l'attaque, soit pour la défense ; et à la fin d'une discussion longue et compliquée, il a l'avantage de concentrer en un point tous les moyens qui, épars et isolés, n'avaient fait qu'une impression faible et partielle.

L'ancienne dialectique avait donné à l'argumentation des entraves aussi ridicules qu'inutiles : les règles du syllogisme, exprimées en termes barbares, fatiguaient l'esprit, sans le rendre plus juste ; et cependant ces règles sont très-simples dans l'opération même du raisonnement, elles se tirent sans effort de la comparaison de deux termes à un troisième. L'analyse d'un syllogisme simple présentera, d'une manière sensible, ce mécanisme qu'on semblait avoir compliqué comme à dessein.

On distingue dans le syllogisme, la matière et la forme.

La matière du syllogisme sont les propositions et les termes.

Il y a dans le syllogisme trois propositions : les deux premières appelées *majeure* et *mineure* ou *prémisses* ; la troisième, *conclusion*. Il ne faut pas confondre la conclusion avec la conséquence : la conclusion est la proposition elle-même ; et la conséquence, est la liaison de cette proposition avec les prémisses. D'où il arrive que la conséquence peut être juste, et la conclusion fausse ; ou la conclusion vraie, et la conséquence mauvaise.

On appele *termes* du syllogisme, les attributs et les sujets des propositions. Mais, quoiqu'il y ait trois propositions, et par conséquent trois sujets et trois attributs, il n'y a cependant que trois termes : car le sujet et l'attribut de la conclusion, sont des termes des prémisses ; et de plus, les prémisses ont un terme commun qui sert à faire la comparaison. Ce terme commun est le *moyen terme* ; les deux autres ont été nommés *majeur extrême* et *mineur extrême :* le premier, attribut de la conclusion ; le second, sujet.

Ce que les logiciens appelent forme du syllogisme, est l'arrangement des propositions et des termes du syllogisme dans un ordre propre à donner une bonne conclusion. Les propositions peuvent être générales ou particulières, affirmatives ou négatives ; de-là, une foule de combinaisons artificielles, dont quelques unes seulement sont usitées en raisonnement, et dont le très-grand nombre ne se trouvent que dans des exemples faits exprès pour de puériles applications. Les termes du syllogisme peuvent aussi avoir des positions différentes et qui sont relatives à celle du moyen terme qui peut être, ou sujet dans les deux prémisses, ou attribut dans toutes deux, ou sujet dans l'une, et attribut dans l'autre.

Nous ne suivrons pas plus loin les prétendues formes du syllogisme ; ce que nous en avons dit, suffit pour les observations qui nous restent à faire : notre but est de n'en présenter que d'utiles.

Pour trouver les règles du syllogisme, ce n'est pas dans des figures artificielles qu'il faut les chercher ; c'est dans la nature même de l'opération dont le syllogisme présente le procédé, mais sans en changer le fond ni les moyens. Prenons deux exemples en matières différentes.

l'Angle A est égal à l'angle C ;

Or, l'angle C est égal à l'angle B :

Donc, l'angle A est égal à l'angle B.

l'Homme vertueux est estimable ;

Or, Pierre est vertueux :

Donc, Pierre est estimable.

Les termes du premier syllogisme sont *A*, *C*, *B* : *C*, moyen terme, attribut dans la majeure, sujet dans la mineure ; *A*, sujet dans la majeure et dans la conclusion ; *B* , attribut dans la mineure et dans la conclusion.

Les termes du second syllogisme sont *vertueux* , *estimable* , *Pierre : vertueux* , terme moyen , sujet dans la majeure, attribut dans la mineure ; *estimable* , attribut dans la majeure et dans la conclusion ; *Pierre* , sujet dans la mineure et dans la conclusion.

Le mot *or* , qui précède chaque mineure, indique la liaison de cette proposition avec la majeure ; le mot *donc* , qui précède la conclusion, exprime que cette conclusion est exactement tirée des prémisses , et qu'elle en est une conséquence juste.

Toutes les règles de syllogisme ne tendent qu'à assurer et à vérifier la justesse de la conséquence ; elles ne regardent nullement la vérité de la conclusion : et la justesse de la conséquence dépend uniquement de la manière dont la comparaison s'est faite. C'est sur ce principe de comparaison qu'on établit les règles suivantes.

1.º Il faut trois termes dans un syllogisme , ni plus ni moins.

D'abord il en faut trois : car le raisonnement a pour but de découvrir le rapport entre deux termes, par le rapport que chacun d'eux a avec un troisième.

En second lieu, il n'en faut que trois ; puisqu'un quatrième terme, au lieu de faciliter la comparaison, la rendrait plus difficile.

2.º Le moyen terme ne doit pas se trouver dans la conclusion.

Car, le moyen terme n'est employé que pour faire la comparaison entre les deux extrêmes ; et cette comparaison se fait dans les prémisses : donc le terme qui a servi à la faire, ne doit plus se trouver dans la conclusion qui exprime seulement le résultat.

3.º Aucun terme, dans la conclusion, ne doit être plus général, qu'il ne l'était dans les prémisses.

En effet, les termes de la conclusion doivent être ceux qui ont été comparés avec le moyen terme dans les prémisses ; et il est évident qu'ils ne seraient plus les mêmes, si, dans la conclusion, on leur donnait plus d'étendue.

4.º Le moyen terme ne doit pas être pris deux fois particulièrement.

La raison est que le moyen terme, servant à faire la comparaison, doit être un et bien déterminé ; or, s'il était pris particulièrement dans chaque prémisse, il ne serait plus assez déterminé, et il équivaudrait à deux termes.

5.º Quand les deux prémisses sont affirmatives, la conclusion doit être affirmative.

C'est-à-dire, quand les deux extrêmes conviennent, chacun avec le moyen terme, c'est une conséquence nécessaire qu'ils conviennent encore entr'eux dans la conclusion.

6.º Lorsqu'une des prémisses est négative, la conclusion doit l'être.

Car, dans ce cas, l'un des termes convient avec le moyen, et l'autre ne convient pas : donc les deux extrèmes ne peuvent pas non plus convenir entr'eux.

7.º On ne peut tirer aucune conclusion de deux prémisses négatives, ni de deux prémisses particulières.

Si les deux prémisses sont négatives, aucun des extrèmes ne convient avec le moyen, et alors le moyen terme ne peut pas servir à les comparer : il ne peut donner un rapport de convenance ou d'égalité, puisqu'il est inégal ou disconvenant aux deux extrèmes ; il ne peut pas plus donner un rapport d'inégalité ou de disconvenance, puisque deux choses égales, deux idées convenantes entr'elles peuvent très-bien être inégales ou disconvenir à une troisième.

Si les deux prémisses sont particulières, il arrive de deux choses l'une ; ou que le moyen terme est pris deux fois particulièrement, ce qui est contre la règle quatrième ; ou que les extrèmes ne sont pas suffisamment déterminés, et alors il ne peut rien résulter de la comparaison.

8.º L'une des prémisses étant particulière, la conclusion doit l'être.

Car, si la conclusion était générale, elle aurait alors un terme plus étendu qu'il ne l'était dans les prémisses ; ce qui ne peut être d'après la troisième règle.

Il est aisé de vérifier par des exemples, la justesse de ces règles générales qui pourront paraître inutiles à quelques-uns, et que d'autres trouveront peut-être trop peu détaillées. On observe aux premiers, que l'analyse du syllogisme peut servir à mieux distinguer toutes les parties du raisonnement ; on répond aux autres, que le principe de comparaison bien conçu est suffisant pour expliquer, d'une manière simple et claire, une opération très-naturelle et qui n'a de difficultés que celles dont il semble qu'on ait pris à tâche de l'environner.

L'analyse logique de quelques discours bien raisonnés, quelques démonstrations de mathématiques, donneront en peu de tems plus de justesse à l'esprit, qu'il n'en retirerait de l'étude longue et pénible de ces traités de logique, où l'art de penser est bizarrement travesti en formules insignifiantes.

Le syllogisme n'est pas la seule forme que les dialecticiens employent ; il y a de plus l'enthymème, le dilemme et le soryte.

L'enthymème n'a que deux propositions, l'une *antécédent*, l'autre *consequent* : *Pierre est vertueux ;*

donc il est estimable. C'est un syllogisme abrégé où l'esprit supplée facilement la proposition sous-entendue.

Le dilemme est un syllogisme dont la première proposition en renferme deux telles que , l'une étant affirmée ou niée dans la mineure, l'autre doit être niée ou affirmée dans la conclusion.

C'est la terre qui tourne, ou c'est le soleil ; or, ce n'est pas le soleil : donc, c'est la terre. Pour que le dilemme soit bon, il faut que la disjonctive posée dans la majeure soit vraie et qu'il n'y ait pas de milieu.

Le soryte est une suite de propositions accumulées et liées de manière que l'attribut de l'une devient le sujet de la suivante. Cette forme est fréquemment employée dans les démonstrations où l'on n'indique que les propositions principales , pour éviter la longueur du raisonnement : l'angle A est égal à B ; B à C ; C à D ; D à E : donc, l'angle A est égal à l'angle E.

Le soryte équivaut à plusieurs syllogismes dont chacun est représenté par une seule proposition.

Telles sont les principales formes du raisonnement ; elles peuvent toutes être rappelées au syllogisme, qui lui-même n'est que l'expression la plus claire et la plus sensible de la comparaison par laquelle on connaît le rapport de deux termes, par le rapport que chacun d'eux a avec un troisième.

Différences entre les vérités trouvées par voie de raisonnement.

Si la forme et les règles du raisonnement sont invariables et par-tout les mêmes, les conclusions ne sont pas toutes également certaines ; puisque les propositions d'où on les tire, n'ont pas toutes le même degré de certitude. De là, les noms différens de *démonstration*, *preuve* et *discours*.

Il y a démonstration, toutes les fois qu'on tire de propositions évidentes les conclusions immédiates qui en découlent. Il y a, entre la vérité évidente et la vérité démontrée, cette différence, que la première frappe par elle-même et sans l'intervention d'aucune autre idée ; au lieu que la seconde a besoin, pour être apperçue, d'idées intermédiaires et qui servent de passage de la vérité évidente à celle qui est à démontrer. Les vérités trouvées par démonstration deviennent, à leur tour, des principes qui aident à pousser plus loin les découvertes. C'est ainsi que se forme dans les sciences exactes cette chaîne non-interrompue de vérités, où tout est d'accord, se tient et s'éclaire, se prouve et s'appuye réciproquement.

Il y a bien aussi, dans les autres sciences, une espèce de démonstration, parce qu'il y a des principes évidens, et que ces principes liés par le
raisonnement

raisonnement donnent quelques conclusions qui participent à leur certitude ; mais cette certitude même s'affaiblit à mesure qu'on s'éloigne des principes ; et il n'est pas rare de voir des conclusions différentes ou opposées, à l'appui desquelles on appele les mêmes principes.

La preuve, sous la même forme que la démonstration, n'a jamais des résultats aussi évidens ; et ce n'est pas la faute des principes, qui peuvent être aussi certains que ceux que les démonstrations employent ; c'est l'application de ces principes qui ne peut pas toujours être faite aussi justement aux choses réelles, qu'aux idées abstraites. En effet, en morale, en politique, la solution de chaque question se tire des principes généraux qui sont certains et immuables ; mais ces principes se combinent dans le raisonnement avec toutes les circonstances particulières et locales, avec les opinions et les préjugés etc.

Aussi, la preuve réunit plusieurs moyens et de différentes sortes ; elle supplée à la force des motifs de premier ordre qui lui manquent, par le nombre des motifs moins puissans dont aucun n'est décisif par lui-même, mais qui, réunis en masse, produisent souvent un grand effet.

Le discours n'est que la preuve, non pas sèche et aride, comme dans les sciences ; mais présentée avec l'art, les précautions, les mouvemens et les ornemens qui peuvent intéresser et plaire.

Le fonds du discours, en quelque genre qu'il soit, appartient à la logique : que l'orateur accuse ou défende, qu'il blame ou qu'il loue, qu'il conseille ou qu'il dissuade ; toujours il doit raisonner avec toute la force et la justesse du logicien. Les charmes de l'élocution, les graces du style, le maniement des passions peuvent bien aider au triomphe de la vérité, en disposant favorablement les esprits ; mais c'est le raisonnement qui les convainct et les subjugue, et il n'y a de bons discours, que ceux qui peuvent soutenir l'analyse logique.

Des raisonnemens faux et captieux.

Quand on raisonne soi-même avec précision et justesse, on n'a pas de peine à démêler dans les raisonnemens des autres ce qu'il peut y avoir de vicieux. On n'a pas seulement à prouver la vérité, on a aussi souvent l'erreur à combattre ; et l'erreur, pour se soutenir, appele à son secours des raisonnemens captieux où les propositions vraies sont tellement liées avec les fausses, qu'on se trouve insensiblement amené à des conséquences qui paraissent justes et qu'on ne peut cependant admettre. On a nommé *sophisme* cette argumentation insidieuse, du nom des sophistes secte de philosophes extrèmement subtils dans la dispute. Le sophisme ne fait illusion qu'un instant. Avec un peu d'attention, on découvre facilement le piège.

Quelquefois le sophisme n'est que dans une équivoque de nom ; on leve l'équivoque, en fixant l'idée qu'on attache au mot.

Quelquefois c'est une proposition vraie dans un sens, et fausse dans un autre : on distingue nettement les deux sens, on admet celui qui est vrai, on réfute celui qui est faux.

Tantôt, on met en principe ce qui est en question ; ou l'on conclut du particulier au général, ou de l'accidentel au nécessaire, de l'hypothétique ou possible, à l'absolu et au réel.

Tantôt, on donne à des causes des effets qui ne leur appartiennent pas ; on établit des parités, des analogies, sur des ressemblances légères.

Il est inutile de pousser plus loin les détails sur les différentes formes du sophisme ; un esprit juste ne l'employe jamais, et il en est rarement embarrassé.

MÉTHODE.

LA méthode, comme le mot lui-même l'indique, est l'art de conduire son esprit dans la recherche de la vérité. Elle consiste à mettre dans les idées, dans les jugemens, dans les raisonnemens, l'ordre le plus propre pour arriver plus sûrement et plus promptement au but que ces différentes opérations se proposent (45).

Il y a une marche ou une méthode naturelle, que nous suivons lorsque de la sensation nous passons aux idées, des idées au jugement simple et de celui-ci au raisonnement. Sous ce point de vue, la méthode n'est pas une opération particulière de l'esprit; elle est continuellement mêlée à toutes les autres et n'a d'autres règles que celles qui assurent le succès de chacune de ces opérations.

Mais il y a une autre méthode, plus générale, plus philosophique; c'est celle qui dispose toutes les parties d'une science et même celles de toutes les connaissances humaines. Pour comprendre la nécessité et les avantages de la méthode, il faut se rappeler comment l'esprit humain est parvenu à faire les sciences; car la manière dont elles se sont formées est bien différente de celle qu'on doit suivre en les étudiant. Prenons pour exemple la physique, celle de toutes les sciences qui semble être le plus à la portée de l'homme et dont les matériaux sont continuellement sous nos yeux.

Les faits que nous offre la nature sensible, sont en si grand nombre, si variés, si épars, qu'on sent d'abord qu'il est hors de la puissance d'un homme de les connaître tous et de les observer. Le besoin, les circonstances, la curiosité auront fixé l'attention sur quelque partie qu'il était plus intéressant ou plus facile de connaître. Dans d'autres tems, dans d'autres lieux, les mêmes raisons auront dirigé les recherches sur d'autres parties. On voit combien de tems et d'efforts il a fallu, pour rassembler sur chaque partie un nombre de faits et d'observations suffisant pour l'usage qu'on en voulait faire : et cependant ce ne sont encore là que des matériaux informes; jamais ils n'auraient fait une science, si le génie, portant un coup-d'œil juste sur ces parties isolées et éparses, n'eût aperçu entr'elles des rapports par lesquels elles pouvaient se lier. Dès-lors, on a pu corriger, simplifier, généraliser; l'objet ou l'idée complexe de cette science s'est présentée d'une manière distincte ; des divisions exactes en ont indiqué les grandes parties qui elles-mêmes se divisent et se décomposent en d'autres liées entr'elles par quelque chose de plus particulier, liées aux grandes parties par quelque chose de commun, liées à l'idée générale ou à l'objet total de la science qui comprend immédiatement sous soi les grandes parties.

Des faits, des observations, des vérités, des raisonnemens, quelque évidens et en quelque nombre qu'ils soient, tant qu'ils sont isolés, ne font point une science : elle ne peut exister comme telle, que par une distribution régulière qui range sous des classes les faits, les idées semblables ; qui rappele à des principes communs les preuves et les raisonnemens applicables aux cas particuliers; qui voit les parties par leurs rapports avec le tout, et qui forme ce tout par la liaison des parties. Appercevoir ainsi une science dans son

ensemble et dans ses détails, descendre des principes aux conséquences les plus éloignées, et remonter de ces conséquences aux principes qui
les ont produites ; c'est ce qu'on appele traiter
une science avec méthode.

Cet ordre naturel et facile que la méthode met
entre toutes les parties d'une même science, elle
l'établit encore entre toutes les branches de la
connaissance humaine ; elle les rapproche par des
rapports qui, sans les confondre, n'en font cependant qu'un seul et grand tout. Ainsi, la science,
dans son acception la plus étendue, est la réunion
de toutes les connaissances humaines ; cette science
générale comprend les sciences particulières qui
n'en sont que des divisions. Une seule, sans doute,
est encore assez vaste pour occuper l'esprit d'un
homme, sans qu'il parvienne à l'épuiser. Mais
s'il n'est pas possible de les connaître toutes,
au moins il est indispensable de savoir comment
elles sont enchaînées, quels secours elles peuvent
se prêter, et dans quel ordre il faut passer de la
connaissance des unes, à l'étude des autres.

Il est aisé de voir quelle clarté la méthode jete
sur nos connaissances, et quelle facilité elle nous
donne pour les étendre. Cependant quelques philosophes ont paru craindre qu'en habituant l'esprit
à une marche méthodique, on ne comprimât trop
son élan. Mais, la méthode peut régler, sans
asservir ; elle peut diriger le génie, sans nuire à

son essor : et en supposant qu'elle ne fût pas nécessaire à quelques hommes supérieurs, elle n'en serait pas moins utile à ceux qui n'ont que les talens ordinaires. Au reste, on peut ne la regarder que comme servant d'introduction à l'étude des sciences ; et sous ce point de vue, elle a des avantages incontestables : elle procède par ordre, elle aide à la classification des idées, elle établit plus sûrement la chaîne de la mémoire ; enfin, s'il est vrai que les connaissances sont aujourd'hui plus généralement répandues, c'est que la méthode en a rendu l'accès plus facile, et les a mises à la portée d'un plus grand nombre d'hommes.

La méthode a, pour découvrir la vérité, deux moyens généraux qui paraissent opposés, mais qui tendent au même but ; c'est l'analyse et la synthèse.

Analyser, c'est diviser, décomposer un tout, une idée complexe en différentes parties, ces parties en d'autres, et ainsi de suite, jusqu'à ce que, par la connaissance des élémens ou des idées composantes, on connaisse le tout ou l'idée complexe dont on fait l'analyse. C'est la nature elle-même qui nous indique l'analyse, lorsque par les sens nous prenons les premières connaissances des objets, et lorsqu'ensuite nous formons de nos perceptions les premières idées abstraites. Pour faire des idées composées et complexes, il fallait avoir déjà des idées moins composées, des notions simples et élémentaires ; et nous n'avons pu les avoir que par analyse. Pour faire une sience, par exemple, l'histoire et la géographie, il a fallu diviser la durée des tems connus, ou la succession des événemens en époques, la terre en grandes parties ; faire dans chaque époque de nouvelles divisions auxquelles on attache les faits relatifs à chaque peuple ; partager les grandes parties de la terre, en d'autres plus petites, dans lesquelles il est aisé de connaître les lieux et leurs positions respectives : et plus on voudrait connaître exactement et en détail, plus on pousserait loin l'analyse.

Le premier effet de l'analyse, ou pour mieux dire, son but, c'est d'amener la synthèse, ou composition. Cette composition se fait facilement et régulièrement dans l'esprit, en réunissant les parties divisées dont l'analyse a fait appercevoir les rapports. Pour des objets sensibles, la synthèse se fait en réunissant les qualités connues par le moyen des sens : *l'or est une substance jaune, dure, pésante, fusible, ductile, etc.* Pour des idées complexes, la synthèse réunit les attributs essentiels : *l'homme ou animal raisonnable ; grammaire générale* ou *la pensée analysée par l'expression.* Pour une science, la géométrie par exemple, la synthèse prend l'élément simple, le point dont elle compose les lignes, de celles-ci des surfaces, et de ces dernières des solides. Mais la synthèse géométrique elle-même a dû commencer par une analyse qui a réduit l'étendue réelle en abstraite, et qui a trouvé à celle-ci un élément simple ; et de plus, cette synthèse ne se soutient dans ses démonstrations que par des analyses continuelles.

On fait donc une question insignifiante, quand on demande laquelle des deux, de l'analyse ou de la synthèse, on doit préférer dans l'étude des sciences. Il faut répondre qu'elles sont inséparables ; que, dans le travail des idées, l'esprit compose et décompose tour-à-tour et selon le besoin ; que toutes les sciences font de même, et que par conséquent il n'y a qu'une seule et même méthode dont l'analyse et la synthèse doivent être regardées comme deux branches. Ainsi, dans la recherche de la vérité, on va du composé au simple, ou du simple au composé : la seule règle qu'on ait à observer, c'est de procéder toujours du connu à l'inconnu : cette règle n'est pas difficile à suivre ; pour peu que nous nous en écartions, l'inutilité de nos efforts nous avertit d'y revenir.

La méthode philosophique, telle que nous venons de l'exposer, conduit l'esprit au vrai et le préserve de deux écueils également funestes aux progrès des sciences.

Le premier est un attachement excessif et presque superstitieux aux opinions anciennes, et même en général à celles qui ont été présentées à l'esprit dans un tems où, n'ayant pas encore l'exercice sûr de ses facultés, il s'abandonnait avec confiance à l'autorité de l'instruction. Quant aux opinions anciennes, on doit beaucoup à ceux qui, dans les différens genres, ont fait les premières découvertes ; il fallait même plus de génie pour entrevoir les élémens des sciences, qu'il n'en a fallu depuis pour les perfectionner. Mais en accordant aux inventeurs le prix dû à leurs efforts, on n'en doit pas moins être en garde contre les erreurs mêlées à des vérités grandes et utiles. Quand Descartes renversa la philosophie de l'ancienne école, on n'eût rien gagné à adopter les erreurs nouvelles qu'il substituait aux anciennes. Locke le premier, fit un travail philosophique sur l'entendement humain ; ceux qui sont venus après lui, ont trouvé dans ses principes, de quoi l'analyser encore mieux. La physique, la chimie, ont fait de nos jours des progrès étonnans ; ce serait bien se tromper, que de les prendre pour le dernier terme de la science. Enfin, ce n'est qu'en faisant des tentatives sur tous les points, que l'on peut faire de nouvelles découvertes ; et il est possible qu'une seule vérité rencontrée de cette manière, jete le plus grand jour sur une science entière, lui donne une nouvelle forme, et décide par un seul principe une foule de questions restées jusques là insolubles : telle fut, en physique, l'attraction neutonienne ; telles sont, en chymie, les découvertes modernes.

Mais en cherchant à reculer les bornes de nos connaissances, il y a un autre extrême à éviter : c'est l'esprit de système, qui adopte légèrement toute idée brillante, toute hypothèse ingénieuse; qui s'abandonne à l'imagination, dans les choses où il faut sur-tout l'observation, l'expérience et le jugement.

Système, en général, est l'assemblage régulier de diverses parties qui ont entr'elles des rapports, mais dont le principe ou le lien commun est difficile à découvrir. C'est ce principe inconnu qui est l'objet du système; et le système n'est bon ou admissible, que quand le principe qu'on suppose, explique facilement et simplement tous les faits qui s'y rapportent. On voit tout de suite à quelles sciences il convient de proposer des systèmes. La physique en a incontestablement le droit: elle a des observations, des faits assez constatés pour donner des bases solides à ses hypothèses. Par exemple, lorsque Copernic place le soleil au centre du monde planétaire, il explique tous les phénomènes, toutes les apparences célestes dont aucune autre supposition n'avait pu rendre raison: l'esprit est satisfait, le principe est d'accord avec l'expérience, et toutes les nouvelles découvertes confirment le principe. Si quelque chose approche de la certitude de la démonstration, c'est un pareil système.

En métaphysique, on n'a d'observations et de faits que relativement à la génération des idées; nous ne connaissons, de notre esprit, que ses opérations : en observer l'origine et les progrès, en constater les règles, voilà à quoi peut atteindre notre connaissance. Tous les autres systèmes sont futiles, abstraits et sans appui réel; et nous les avons écartés, dans cette analyse de l'entendement humain, dont le but n'est pas de scruter la nature même de l'esprit, mais de trouver dans la chaîne de ses opérations les règles qui peuvent en assurer l'exactitude (46).

NOTES.

Note 1.re

Il y a longtems qu'on a des arts, des sciences, des langues bien faites ; qu'on pense avec ordre, avec justesse, avec profondeur ; qu'on parle et qu'on écrit avec clarté, précision et élégance. Il semblerait donc que la grammaire générale, qui est une science presque récente, n'est pas bien nécessaire et qu'elle n'a pas, sur le développement de l'esprit, toute l'influence que nous lui attribuons. Pour concilier le fait qu'on objecte et qui est incontestable, avec notre assertion qui est également vraie, il faut distinguer la pratique naturelle de la grammaire générale, et les observations raisonnées de la science. L'homme pense, parce qu'il a des facultés intellectuelles ; il crée les arts, parce qu'en observant les ouvrages de la nature, il apprend à les imiter ; il a des sciences, parce qu'en rapprochant et classant les faits semblables ou analogues, il fait quelques principes généraux, et que de ces principes il tire par le raisonnement des conséquences ; enfin il forme et perfectionne les langues, comme l'artiste forme et perfectionne les instrumens dont il a besoin pour mieux exécuter les ouvrages dont il a conçu l'idée. Tout cela est naturel et la suite nécessaire de l'usage que nous faisons de nos facultés; car, pour peu qu'on réfléchisse et qu'on raisonne sur ses opérations, il est impossible de faire longtems la même chose, sans la faire mieux. C'est ainsi que, dans tous les genres, l'esprit humain, par ses seules forces et sans suivre des règles fixes et reconnues, marchait vers la perfection. Ainsi, il y a eu des poètes sublimes, des hommes éloquens, avant qu'on eût rédigé des poétiques ou des traités d'art oratoire; il y a eu de sages législateurs, des états bien constitués, avant qu'on eût examiné les principes d'une bonne législation; on avait presque toutes les machines nécessaires et utiles, avant que la mécanique dictât les lois de leur construction. Telle est la tendance naturelle de l'esprit, qu'il saisit, comme par instinct, le beau et le bon, et qu'il ne s'arrête que quand il y est arrivé. Mais si cette activité livrée à elle-même a tant produit, que ne doit-elle pas faire, lorsqu'elle est dirigée, et qu'aucun de ses efforts n'est perdu dans des écarts longs et inutiles? Or, c'est précisément là ce que fait la philosophie élémentaire : elle trace à l'esprit une route sûre et facile; elle distribue avec ordre les objets sur lesquels il doit porter son attention; elle distingue dans ses connaissances ce qui est certain et ce qui ne l'est pas, ce qu'il lui est possible d'atteindre et ce qu'il ne doit pas espérer de savoir; enfin, en ramenant l'esprit sur ses propres opérations et sur la matière et les instrumens qu'il y employe, elle lui donne la mesure de ses forces et la règle qui constate la bonté de son travail.

NOTE 2.e

Rien de si commun que le mot *philosophie*, et rien de si vague que l'idée qu'on y attache. Littéralement, la philosophie est l'amour de la sagesse ; mais l'amour de la sagesse suppose nécessairement la connaissance du vrai. Le vrai, dans quelque science que ce soit, ne s'obtient qu'autant qu'on a bien conçu l'objet de cette science et bien fait les idées qui s'y rapportent. Chaque science diffère d'une autre, par l'objet qu'elle se propose de connaître, ou par la manière dont elle considère un objet qui peut être commun à plusieurs. Mais la marche de l'esprit est toujours la même; mêmes facultés, mêmes moyens; l'observation, les faits, l'expérience, le raisonnement, tout se ressemble. Il y a donc une partie commune à toutes les sciences, même à celles qui semblent ne rouler que sur des faits; partie également applicable aux arts dont les idées et les principes se forment et s'exposent selon une certaine méthode qui en donne la théorie. C'est cette partie essentielle, qu'on peut appeler philosophie : elle embrasse tout ce qu'il y a d'élémentaire dans nos connaissances; elle met de l'ordre et de la liaison dans les idées, forme le jugement et apprécie les motifs de certitude qui le déterminent. Les langues sont aussi de son

ressort ; et ce n'est pas dégrader la philosophie,
que de tourner son attention vers l'ouvrage le
plus régulier de l'esprit humain, celui qui atteste
le mieux le pouvoir de la pensée, qui en présente toutes les combinaisons et qui influe si
puissamment sur ses progrès.

Dans l'ancienne école, on comprenait sous le
nom de philosophie la logique, la métaphysique
et la morale. La morale forme une branche particulière de nos connaissances, et, comme toutes
les autres, elle suppose les notions de philosophie
élémentaire. La métaphysique était divisée en spé-
ciale et en générale; celle-ci traitait de la nature
et des propriétés des esprits ; l'autre de dieu et
de ses attributs, de l'ame humaine et de son union,
de l'entendement humain et de ses idées : il n'y
a que ce dernier article qui appartienne à la philosophie élémentaire ; les autres, quoiqu'on en
dise, ne formeront jamais une science proprement
dite, parce que la nature des esprits en général,
de dieu et de notre ame en particulier, nous sera
toujours inconnue, et que ce qu'on peut en connaître, rentre dans la génération des idées. Enfin
la logique, qui traite des formes de la pensée,
comme applicable à toutes les opérations que l'esprit fait pour connaître, doit entrer pour beaucoup dans des élémens de philosophie, mais dé-
barrassée de l'appareil au moins inutile sous lequel
elle paraissait autrefois.

Note 3.^e

NOTE 3.ᵉ

L'homme est un, en ce que toutes ses facultés sont réunies dans un même sujet et concourent toutes à produire des effets, des actions qui ne sont complètes que par cette réunion. Cependant, la science peut considérer l'homme sous différens points de vue. L'homme *physique*, l'être animé, vivant, organisé pour sentir, est, comme tous les autres animaux, l'objet de l'histoire naturelle. L'homme *intellectuel*, l'être doué de la faculté de percevoir, de connaître, de penser, appartient à la métaphysique qui, par l'analyse de l'entendement, explique l'origine et les progrès des connaissances humaines. L'homme *moral*, ayant une volonté libre, capable de détermination et de choix, est du ressort de la morale qui donne les règles du bon, comme la métaphysique donne celles du vrai. Voilà une division que la science établit entre nos facultés, dont les unes sont physiques, les autres intellectuelles, les troisièmes morales.

Mais il est aisé de voir que l'homme n'est moral, que parce qu'il est intelligent ; également il n'est intelligent, que parce qu'il fait et combine des idées dont la matière lui est fournie par des impressions sensibles. Sans entendement, la volonté ne serait qu'une impulsion aveugle et mécanique ; et l'entendement lui-même ne serait qu'une faculté virtuelle et inerte, sans les impressions physiques qui la mettent en action.

Ainsi, pour connaître l'homme, il faut le prendre dans son ensemble ; le suivre par tous les intermédiaires qu'il parcourt pour arriver de la perception la plus informe, au plus haut point de la science. Alors s'arrangent et s'expliquent d'eux-mêmes tous les faits relatifs à l'entendement, et on a une doctrine raisonnable et philosophique, également éloignée de ce matérialisme grossier et décourageant qui, opiniatrément attaché à ce qu'il y a de physique dans les premiers élémens, ne voit dans la pensée que le jeu d'une organisation plus subtile ; et de ce spiritualisme pur qui, de son élévation, ne daigne plus appercevoir les bases sur lesquelles pose le système intellectuel.

NOTE 4.ᵉ

Raison et *instinct* sont les mots qu'on adopte en philosophie, pour distinguer ce qui est propre à l'être qui pense, de ce qui appartient à l'animal qui n'est que sensible. L'instinct n'est jamais que l'action naturelle et spontanée d'une faculté physique mise en mouvement par un besoin actuel, ou par la présence d'un objet ; il est aussi prompt que sûr, mais il n'agit que dans une sphère très-étroite, différente pour chaque espèce selon la différence de son organisation. La raison, chez l'homme, s'élève au-dessus du sensible, saisit des rapports d'un autre ordre, dissule, choisit, combine, se forme lentement et s'éclaire plus ou moins, d'après le travail de l'individu. Ces caractères distinctifs entre l'homme et l'animal, sont si fortement prononcés que la plus légère attention suffit pour les reconnaître. Cependant, comme toutes les espèces animées ont quelque chose de commun et qu'elles se ressemblent en tout ce qui tient à la sensibilité et à la vie, cette conformité a donné lieu à deux opinions qui exigent un certain détail. Quelques philosophes, convaincus de l'excellence de l'homme et embarrassés de cette ressemblance d'organisation et d'actions communes à tous les êtres animés, ont fait des bêtes de pures machines qui, avec toutes les apparences du sentiment, ne sentent réellement pas. D'autres, frappés de l'étonnante sagacité ou de l'industrie merveilleuse de quelques espèces, n'ont pas craint d'attribuer aux bêtes une intelligence, une raison qui, pour se développer au même point où l'homme l'a portée, n'aurait besoin que du secours de la parole.

D'abord, refuser aux animaux les sensations, les faire insensibles, avec tous les moyens qu'ils ont pour sentir, c'est la plus absurde des contradictions. Dans tout ce qui est uniquement du ressort des sens, on les voit agir, comme l'homme, conformément aux besoins, aux impressions physiques de plaisir ou de douleur. Cette faculté de sentir a, chez eux, ses développemens, ses progrès, une sorte de perfectionnement qui vient de l'exercice et de l'habitude; mais tout cela ne sort pas de la sphère de certains objets. L'animal ne tire de la sensation que ce qui lui est strictement nécessaire pour sa conservation : sa conformation physique détermine ses besoins; ses besoins lui suggèrent l'usage de ses facultés, de ses armes naturelles; il n'est et ne peut être industrieux que dans une partie; et il le sera d'autant plus, que tous ses moyens se dirigent vers un but unique et avec toute la force de la sensibilité qui n'est pas distraite ou affaiblie par la réflexion, comme cela arrive à l'être qui pense. En second lieu, on ne peut pas dire que, si l'animal reste borné, c'est parce que la nature lui a refusé le don de la parole. Car il a, de même que l'homme, les accens naturels que lui arrachent la douleur, le plaisir etc. Ses mouvemens, ses attitudes expriment ses desirs, ses inquiétudes, ses craintes. L'homme n'a pas plus de moyens naturels. Ce qu'on appele *parole* est l'effet de l'art, d'une imitation réfléchie qui attache des idées à des signes convenus. Ainsi, l'homme parle, quand sa raison commençant à se développer lui fait sentir le besoin des signes artificiels. L'animal ne parle pas, parce qu'il n'a que des sensations auxquelles des cris naturels suffisent. Il n'a pas la raison, puisque le premier effet de la raison est de se faire une langue; rien ne se développe chez lui; donc il n'y a rien à développer : car on ne peut juger de la présence d'une faculté que par son exercice et ses effets.

Concluons donc : l'animal est sensible, et c'est cette sensibilité qui, chez lui, produit cette espèce d'intelligence qu'on voudrait inutilement rapprocher de la raison humaine, puisqu'il ne l'exerce jamais que sur des choses physiques et relatives à sa conservation. L'animal n'est que sensible ; puisqu'il ne manifeste rien d'intellectuel, quoiqu'il ait pour cela les mêmes moyens physiques que l'homme.

N O T E 5.^e

Raison est la faculté générale, la dénomination commune à laquelle il faut rapporter tous les effets qui en découlent, soit lorsque l'entendement connaît, soit lorsque la volonté agit. Par exemple, on dit en morale, que la loi naturelle nous indique nos devoirs ; que la conscience nous juge et nous condamne, lorsque nous nous en écartons. Sous ces noms de *loi naturelle* et de *conscience*, il n'y a que des effets de la raison. La loi naturelle n'existe pas en nous sous la forme d'un code clair et précis ; elle n'est point gravée dans notre cœur antérieurement aux premiers développemens de la raison : deux ou trois maximes générales la composent, le reste est en conséquences plus ou moins éloignées. La connaissance de cette loi s'étend ou se resserre en nous, selon que notre raison est plus ou moins exercée. Les moralistes ont dit qu'il n'y a point d'ignorance invincible des premiers principes de la loi naturelle; et cela est vrai : mais ce n'est pas parce que cette loi est innée ou gravée en nous; c'est simplement parce que les rapports qui lient les hommes en général, les membres d'une même société, d'une même famille, sont si faciles à saisir, qu'il est impossible à l'homme le moins instruit de n'en être pas frappé.

La conscience, cette voix intérieure qui s'élève en nous et nous reproche puissamment la violation d'une loi, l'omission d'un devoir, est, comme la connaissance de la loi naturelle, un effet de notre raison et de ses progrès; et il est aisé de concevoir comment elle se forme. Quand nous avons reconnu, par la raison ou par l'instruction, la vérité d'un principe, et qu'entraînés par une passion, nous agissons d'une manière contraire à ce principe, il y a alors entre notre conduite et notre connaissance une opposition qui nous choque, nous déplaît, nous tourmente. Voilà l'inquiétude, le *remords;* il est fort chez ceux qui sont persuadés de la vérité d'un principe et de la nécessité d'y conformer leurs actions; il est faible et vague dans le doute; il est nul dans l'ignorance absolue. La conscience ne dit rien à celui qui fait une action contraire à une loi qu'il ne connaît pas; elle tourmente celui qui fait une action permise, mais qu'il croit défendue; elle est inquiète chez celui qui est incertain si la loi défend telle action : enfin, les règles même que les moralistes donnent sur la conscience, prouvent qu'elle n'est en nous que l'effet d'une connaissance plus ou moins claire, ou d'une persuasion plus ou moins fondée en raisons.

Note 6.ᵉ

Pour comprendre l'influence de la parole sur les progrès de l'esprit humain, il faut distinguer ce que ferait la raison chez un individu isolé, abandonné à ses propres forces; et ce qu'elle produit chez les hommes réunis, qui ont mis en commun leurs ressources et leurs facultés. Livré à lui-même, l'homme assailli par tous les besoins physiques, occupé sans cesse à y pourvoir, n'a ni le tems ni la volonté de sortir du cercle étroit des objets qui ont un rapport immédiat à sa conservation. Le peu d'observations qu'on a faites sur des sauvages, prouvent qu'ils n'avaient ni idée ni mémoire. L'état de quelques peuplades errantes, déjà bien supérieur à celui de l'homme sauvage, n'offre cependant qu'une ébauche bien grossière de l'homme intellectuel. La stupidité des sourds de naissance dans les familles indigentes qui n'ont pas le tems de s'occuper de leur instruction, leur intelligence, leurs progrès dans les sciences les plus abstraites, depuis qu'un art admirable a établi entr'eux et les autres hommes un moyen de communication, montrent que la raison particulière d'un individu n'est par elle-même qu'une faculté qui, pour agir, a besoin de circonstances et de moyens sans lesquels elle est impuissante et inerte.

La raison commune, au contraire, celle qui résulte des efforts réunis et dirigés vers le même but, peut tout et elle l'exécute avec la plus grande facilité. Quelques années d'instruction et d'étude rendent propres à un individu les connaissances et les découvertes de toutes les générations qui ont précédé. On croit alors avoir agi par les forces de sa seule raison ; et on n'a agi que par celles de cette raison générale et commune qui, du premier instant de la réunion des hommes en société, n'a cessé de se perfectionner et de s'enrichir. La parole est évidemment l'instrument unique et précieux qui nous fait jouir si promptement des avantages de cette raison commune. Mais il y a plus ; il faut concevoir que, sans la parole, cette raison ne se serait jamais développée, qu'elle serait toujours restée individuelle et par conséquent bornée pour chaque homme aux progrès faibles qu'il aurait pu faire. En effet, il n'y a des progrès dans la raison humaine, qu'autant qu'une connaissance conduit à une autre : pour cela, il faut que la nouvelle idée, la nouvelle découverte soit fixée et déterminée par un signe convenu ; c'est par ce signe que se fait la communication, et que les individus peuvent s'assurer qu'ils travaillent sur le même objet, qu'ils l'apperçoivent sous le même point de vue ; alors seulement leur marche devient sûre et régulière. Ainsi, le premier effet de la raison qui commence est d'employer des signes quelconques ; et à mesure qu'elle avancera, elle perfectionnera la parole comme lui devant servir à de nouveaux progrès. Voilà pourquoi nous avons considéré la raison et la parole comme inséparables : point de raison développée, sans parole ; point de parole, sans un commencement de raison. Dans l'origine, l'une et l'autre est si faible, que l'instant dont la raison précède la parole ne met entr'elles qu'un très - insensible intervalle.

<h2 style="text-align:center">N o t e 7.e</h2>

Quand on jette un coup-d'œil sur les ouvrages de l'homme, sur la masse de ses connaissances, sur tout ce qu'il exécute par la pensée, soit dans les arts, soit dans les sciences, on est étonné de tant de merveilles et on prend, avec raison, de l'intelligence humaine l'idée la plus sublime. Mais on n'en a que plus de peine à se persuader que cet immense édifice repose sur d'aussi faibles fondemens ; et il semble qu'on dégrade l'homme, en le rappelant à ces commencemens obscurs, à cette origine grossière qui contraste si fort avec son élévation actuelle. Il faut convenir que, si l'on ne fait attention qu'au point de départ et à celui où l'on est arrivé, la distance est immense et qu'elle effraye l'imagination. Mais quand on pense que cette chaîne s'est formée par une suite d'efforts continués sans interruption depuis l'origine des sociétés ; que chaque pas qu'on faisait dans la carrière des arts ou des sciences,

révélait à l'homme le secret de ses forces intellectuelles; que les erreurs même dans lesquelles il
tombait, en arrêtant un instant sa marche, lui
servaient à la mieux assurer; qu'enfin, une vérité
simple une fois bien apperçue et saisie par l'esprit, peut jeter la plus vive lumière sur une foule
d'idées qu'on n'entrevoyait que confusément; alors
on voit que cet ouvrage, tout étonnant et incompréhensible qu'il semble d'abord, est strictement en proportion avec les facultés, les moyens,
les efforts et le tems employés à le construire.

Si ces observations sont vraies par rapport aux
connaissances humaines en général, elles le sont
encore bien plus, appliquées à celles dont un besoin continuel et pressant faisait sentir l'importance. Par la même raison que les signes sont
nécessaires, l'homme a dû les trouver : une fois
trouvés, il a dû les perfectionner promptement,
c'est-à-dire, les approprier à l'espèce de besoins
qu'il éprouvait, à la nature et au nombre des idées
qu'il avait à communiquer. Au reste, ce que les
langues nous offrent aujourd'hui, cette variété
prodigieuse de formes qui donne à l'expression
de la pensée la précision, la force, l'élégance;
tout cet appareil n'est pas bien difficile à concevoir : c'est l'effet de l'art qui travaille sur le
fonds déjà préparé, qui régularise, qui donne les
proportions et les graces. Celui qui traça grossièrement l'image imparfaite de la forme humaine
ou de tout autre objet, fut le véritable inventeur

de la peinture. Toutes les belles proportions de l'architecture vont sortir de cette cabane irrégulière que l'homme encore sauvage a construite à la hâte. De même, tous les chefs-d'œuvres de la pensée humaine, toutes les richesses des langues sont dans ces premiers signes aussi simples, aussi naturels que les idées physiques et sensibles qui contenaient la matière des sciences les plus abstraites. Aux yeux du vrai philosophe, l'homme déployant ses facultés et son intelligence, créant par ses efforts les langues, les arts, les sciences, est aussi grand, plus grand peut-être, que s'il eût reçu la raison toute formée et capable d'atteindre tout d'un coup aux plus grandes découvertes.

N O T E 8.ᵉ

L'origine des peuples, des arts, des sciences, des langues, se perd dans la nuit profonde des tems reculés. Le moment où l'histoire commence, doit être déjà loin de cette origine ; et les premiers monumens qui attestent les progrès de la société, ne peuvent donner aucune lumière sur les tentatives longues et infructueuses qui les ont précédés. *Comment les langues se sont-elles formées ?* est donc une question de fait impossible à résoudre : et quand même elle serait soluble, elle appartiendrait à l'histoire. *Comment les langues pouvaient-elles se former ?* est une question bien différente de la première ; elle est philosophique dans le sens le plus strict, et absolument indépendante de la connaissance des faits. L'histoire, dans ses récits, doit se conformer à l'ordre des tems, discuter les autorités au flambeau d'une critique sévère. Le philosophe, dans ses théories, se contente des possibles ; il voit dans les causes les effets qu'elles peuvent produire : et réciproquement, il assigne aux effets connus, des causes qui sont en proportion avec eux. Ainsi, les langues, les arts et les sciences étant donnés tels qu'ils sont aujourd'hui , on aura expliqué philosophiquement leur formation, quand on aura prouvé que les facultés naturelles de l'homme ont pu donner ce résultat. Cette question aura tout son développement , dans la seconde partie.

Note 9.e

Les signes que nous appelons naturels, sont l'effet de la sensibilité et sont produits sans réflexion par la force des affections qu'éprouve l'être sensible. Ces signes sont les élémens des langues , comme les sensations fournissent la matière et les élémens de la pensée. Il est facile de concevoir comment, de naturels qu'ils étaient, ils sont devenus artificiels. Ils n'exprimaient d'abord qu'une affection ; on les a ensuite appliqués à l'objet qui occasionnait cette affection : ce rapport naturel entre l'effet et la cause n'était pas trop difficile à saisir. Voilà le premier pas ; le signe commence à être artificiel, et cependant il est encore matériellement le même. Cet objet qu'on s'accoutume à indiquer par ce signe, offre des qualités, des modifications : voilà de nouvelles idées, qui ne sont pas celle de l'objet, quoiqu'elles y tiennent; et qui ne seraient pas bien exprimées par le même signe, à moins qu'il ne subisse quelque changement. On voit comment, pour suivre et pour faciliter les progrès de la pensée, les signes ont dû passer successivement de la sensation à l'objet, de l'objet aux idées, d'une idée ou d'un objet, à d'autres semblables ou analogues; et comment enfin, d'analogies en analogies, les langues, en se perfectionnant, se sont éloignées de ce premier langage aussi naturel, aussi sensible que l'étaient les idées et les objets sur lesquels la pensée encore informe avait à s'exercer.

N O T E 10.^e

Les facultés, les moyens sont les mêmes chez tous les hommes, chez tous les peuples. Mais combien de circonstances, légères en apparence, mais d'une influence incalculable, peuvent en gêner ou en faciliter l'exercice ! Deux hommes, deux peuples ne se sont jamais trouvés précisément dans la même position. Sans compter les nations qui ont disparu sans laisser, dans l'histoire, de traces de leur existence, parmi les peuples connus, il en est bien peu qui ayent également étendu l'empire de la raison sur tous les points. Aux uns, c'est le tems qui a manqué; aux autres,

une certaine forme de gouvernement, un usage
indifférent, une position géographique, furent des
obstacles à un développement plus étendu, en
dirigeant tous les efforts du même côté. Les peuples de l'Europe, depuis deux siècles, sont les
seuls qui se soient trouvés dans les circonstances
les plus favorables aux progrès de l'esprit. Liés
par des intérêts communs, animés par les mêmes
passions, ils ont fait de concert les plus grands
efforts vers tout ce qui était accessible à la raison
humaine. Presque toutes les parties du globe reconnues ont fourni à l'histoire naturelle, à la physique, à l'astronomie, des faits, des observations
qui ont dissipé les préjugés ou les incertitudes.
La morale, la politique, la législation, éclairées
par une saine philosophie, ont eu des principes
fixes et assurés. Les arts ont aggrandi dans la
même proportion leur domaine. Enfin, les langues épurées par le goût devenu plus délicat,
obligées de se conformer aux sujets auxquels on
en faisait l'application, ont eu de la précision,
de la clarté pour toutes les matières d'analyse rigoureuse ; de la force, de la noblesse, pour les
idées grandes et sublimes ; du feu, de la chaleur,
des tours hardis, de la légèreté, de la grace,
selon que la poésie ou la prose avaient besoin de
ces nuances : elles ont enfin reçu de la philosophie leur dernier degré de perfection, lorsqu'analysées et traitées méthodiquement, comme les
autres branches de nos connaissances, elles se
sont montrées liées par les rapports les plus étroits

et les plus justes, à toutes les opérations de l'esprit, dont elles sont en même tems l'ouvrage le plus précieux et l'instrument le plus sûr.

N O T E 11.^e

Sensations, affections, idées, jugemens, raisonnemens, voilà le modèle commun que les langues ont à peindre : elles travaillent toutes sur le même fonds; elles copient le même original et doivent le représenter strictement avec la plus exacte ressemblance. C'est cette nécessité de se conformer à un modèle donné, qui décide les principes généraux, les règles essentielles et communes aux langues. Supposez plusieurs artistes, peintres ou statuaires, auxquels on propose le même sujet à traiter : chacun d'eux peut employer des couleurs différentes, une manière particulière; l'un aura plus de grace, l'autre plus d'énergie. Chaque copie ressemblera à l'original; et toutes ces copies différeront entr'elles. Voilà précisément les langues; les unes ont plus de sécheresse, de roideur; les autres, plus de flexibilité, des nuances plus délicates, plus fines : celles-ci, riches, élégantes, hardies dans leur marche; celles-là, réduites au simple besoin de l'expression, graves, austères, contraintes. Au reste, la preuve la plus sensible que les langues ont toutes des principes communs, et que leurs différences sont très-légères, c'est la facilité avec laquelle on apprend celles qui semblent avoir le moins de rapport avec la nôtre; facilité qui sera d'autant p' s grande, qu'on aura mieux étudié l'analogie qu'une langue quelconque doit avoir avec la pensée.

NOTE 12.ᵉ

La définition d'une science doit être très-précise et en présenter distinctement l'objet. Peut-être pourrait-on reprocher à celle qu'on a donnée de la grammaire générale, de manquer un peu de cette clarté qui fixe tout d'un coup l'esprit sur le but qu'il se propose d'atteindre dans une étude. Mais il faut observer que toute définition de science ne peut jamais être bien comprise que par celui qui, après en avoir parcouru toutes les parties, se trouve en état d'appercevoir la liaison et les rapports de ces parties entr'elles, et d'en former cet ensemble, ce corps unique, cet objet total dont la définition donne l'idée adéquate et complète. Ainsi, quoique le mot de grammaire générale ne semble indiquer d'abord que des observations sur les langues, on se sent bientôt entraîné de la considération des signes à celle des idées qu'ils représentent, et progressivement à l'origine même de ces idées. Tout est tellement lié dans le système intellectuel, qu'une de ses opérations resterait une énigme inexplicable, si l'on voulait l'isoler des autres opérations qui l'ont amenée, ou qui doivent en être le complément. Par exemple, il est impossible de concevoir comment les signes seraient un moyen de communiquer

la

la pensée formée, si d'abord on n'a pas conçu comment ces signes étaient nécessaires pour former cette pensée. C'est cette double analyse qui donne la division exacte de la grammaire générale. On gagne très-peu à faire une grammaire générale appliquée à une langue particulière : on croit par-là mettre la science à la portée d'un âge trop tendre pour la saisir dans son étendue; et on ne s'apperçoit pas que la métaphysique d'une langue sera toujours inintelligible sans la métaphysique des idées. Ne vaudrait-il pas mieux ne parler des principes généraux, qu'après avoir exposé la chaîne des opérations intellectuelles ? Et certainement il est dans l'ordre naturel de nos idées, que notre esprit se soit déjà exercé sur des questions assez difficiles, qu'il ait un assez grand nombre de connaissances, de notions très-abstraites même, qu'il se soit même apperçu de quelques erreurs ou de quelques incertitudes, pour être amené à des réflexions utiles sur ses facultés, sur leur développement et sur la manière la plus prompte et la plus sûre de les employer. Dans les études précédentes, il suffit d'être dirigé par une bonne méthode ; elle fait contracter l'habitude de la justesse : dans la suite, il sera aisé d'élever sur cette pratique la théorie générale et raisonnée de l'entendement humain.

J'insiste fortement sur cette observation ; elle est de la plus haute importance. Vous pouvez prendre des notions superficielles d'histoire, de géographie, de mathématiques etc. Vous pouvez placer indistinctement ces études, les unes avant les autres. Mais le système intellectuel doit être considéré dans son ensemble; il est impossible d'en rien détacher. Il y a, pour le connaître, un moment précis et qu'il faut saisir : c'est lorsque l'esprit, pourvu d'un nombre suffisant d'idées, et des élémens de quelques sciences, éprouve le besoin de les classer, de les ordonner entr'elles. Plutôt, il n'y aurait pas encore assez de matériaux, et les applications seraient impossibles ; plus tard, l'esprit habitué à une certaine combinaison d'idées reçues sans examen et employées de même, suivrait dans ses opérations une routine aveugle et n'aurait point de connaissances raisonnées.

N o t e 13.^e

Dans les sciences qui ont pour objet les corps et leurs propriétés ou qualités sensibles, les mots dont on se sert sont intelligibles. et ont une valeur déterminée, les définitions peuvent être claires et exactes. Mais quand il s'agit des facultés intellectuelles, des opérations de l'esprit, on ne peut les désigner que par des mots figurés, dont le sens n'est compris qu'à l'aide de l'analogie qu'ils ont avec des opérations physiques et sensibles. Ainsi les mots *entendement*, *pensée*, *idée*, *réflexion* etc. expriment, dans le sens propre, des actes physiques, des impressions faites sur

les sens : appliqués aux actes de l'esprit, ils n'ont
plus qu'un sens figuré ; c'est une manière d'exprimer par des comparaisons sensibles des choses
qui ne le sont pas. En effet, ce que nous faisons
avec nos facultés intellectuelles, ressemble en
quelque sorte à ce que nous exécutons par le
moyen de nos organes, lorsque nous entendons,
que nous voyons , que nous pesons, que nous
allons d'un objet à un autre.

A cette difficulté d'exprimer les opérations intellectuelles , il s'en joint une autre bien plus
embarrassante encore : elle vient de la multitude
des mots adoptés en métaphysique pour rendre
avec une certaine précision des opérations, des
facultés qu'on croit différentes et qui ne sont le
plus souvent que des nuances ou des formes diverses d'une même opération ou d'une même
faculté. Ainsi lorsque, pour analyser l'entendement, la science établit des divisions , on ne
doit les regarder que comme des points de vue
différens où l'on se place pour considérer un
objet sous tous les aspects qu'il peut offrir. Par
exemple, on distingue dans l'homme l'entendement et la volonté ; voilà pour la science : mais
réellement ce ne sont là que deux manières d'agir
de la même faculté. Quelques moralistes en voyent
une troisième dans la liberté ; et la liberté n'est
certainement que la volonté qui choisit, qui se
détermine avec connaissance de cause. L'homme
n'est et ne peut être libre que parce que, placé

entre deux actions à faire, deux moyens à choisir, il peut juger, peser, calculer quel parti lui convient. Une passion, un goût l'inclinent d'un côté ; le jugement, le fait pencher de l'autre : si la passion est forte, elle entraîne ou séduit le jugement ; si l'entendement est sain, il fait taire ou il règle la passion. La liberté n'est donc que la volonté éclairée par l'entendement. C'est en rappelant ainsi toutes les opérations de l'esprit à quelque chose d'unique et de radical, qu'on pourra parvenir à les bien connaître : une seule faculté, mais qui se divise pour ainsi dire, se partage, se décompose, à mesure qu'elle se développe et s'exerce sur différens objets.

Note 14.^e

Il est essentiel de fixer le sens de ces mots *analyse de l'entendement*. Ce n'est certainement pas la nature de l'esprit humain qu'il s'agit de connaître ; elle échappera toujours à nos recherches. Notre faculté ne se manifeste que par ses effets ; observer ces effets, voir comment ils s'enchaînent et composent cette suite d'idées et de connaissances qui font tout le savoir humain ; c'est là tout ce qu'il nous est permis de prétendre. Cela même n'est pas sans difficultés. Nos premières idées, vagues et confuses, se perdent dans ce cahos de notre enfance où l'ame neuve pour toutes les impressions n'en pouvait appercevoir distinctement aucune. L'origine de nos propres connaissances est donc, comme celle de toute chose, faible, imperceptible, et environnée des plus profondes ténèbres. Quand l'entendement est déjà éclairé et que le système de nos idées et de nos opérations a reçu une forme régulière, les observations deviennent aussi difficiles, et on n'en a même que plus de peine à concevoir comment l'esprit a franchi ce passage qui sépare la lumière dont il jouit, de l'obscurité où il était plongé. Pour assurer sa marche dans ces recherches aussi délicates, qu'importantes, le vrai métaphysicien laisse de côté les systêmes, les opinions ; il s'attache à étudier la nature et à connaître les instrumens dont elle nous a pourvus pour préparer en quelque sorte la matière de la pensée. Il prend l'homme physique et sensible tel qu'il se trouve, jeté à sa naissance au milieu de tous les objets ; et il le suit, depuis la première instruction qu'il reçoit des sens, jusqu'aux opérations les plus abstraites. Cette manière de connaître et d'analyser l'entendement, est la seule qui soit à notre portée ; il nous est impossible de remonter plus loin qu'à la première impression qui donne à notre faculté l'occasion d'agir. C'est à la première sensation qu'est attachée notre première connaissance ; et ce n'est que dans ce sens que nous assignons la sensation comme étant le principe ou le commencement des opérations de l'esprit.

N O T E 15.e

Ame et *esprit;* deux mots qu'on employe pour désigner le même être, mais considéré sous des points de vue différens. On se sert plus souvent du premier, quand il s'agit de ce qui a rapport à la sensibilité ; le second est plus fréquemment usité, quand il est question d'opérations intellectuelles, de pensée.

De toutes les questions que la métaphysique a agitées sur cette matière intéressante, mais en grande partie inaccessible à la curiosité de l'homme, il en est trois sur lesquelles il faut plus particulièrement fixer l'attention, quoique strictement leur examen ne soit pas nécessaire pour l'analyse qui nous occupe.

Le dogme de la spiritualité de l'ame est une de ces vérités qui sont plutôt de sentiment que de démonstration. En métaphysique, on la prouve ordinairement par l'impossibilité qu'il y aurait que la pensée qui est quelque chose de simple, d'indivisible, fût reçue ou formée dans un sujet matériel et composé de parties. Quelque forte que puisse paraître cette espèce de démonstration, elle n'approchera jamais de ce sentiment intérieur par lequel on est invinciblement entraîné à distinguer en soi-même ce principe de volonté et d'intelligence qui juge, raisonne, s'élance au-delà de l'espace et des tems ; qui choisit, qui délibère, qui donne des règles à ses actions, comme il en a pour ses connaissances. Cette conviction intime, cette conscience que l'être pensant a de lui-même, ne tient pas à telle ou à telle opération, à telle ou telle vérité qu'on puisse arranger en raisonnemens exacts et suivis : c'est une conséquence qui s'établit d'elle-même et sans effort, parce qu'elle découle de tout l'ensemble de nos idées; et il n'est pas étonnant que l'analyse et l'examen en diminuent la force. Au reste, ce n'est pas ici la seule vérité qui perde à être discutée par des raisonnemens. L'existence d'un dieu auteur et rémunérateur, les principes essentiels de la morale, ne sont pas aussi solidement établis par des preuves directes, que par une persuasion inhérente à tout notre être intellectuel et moral. Et ce n'est pas parce que ces vérités nous ont été inculquées par l'instruction ; c'est parce qu'elles sont liées naturellement à toutes nos autres idées et qu'elles font essentiellement partie d'un système d'ordre et d'intelligence qui, sans elles, ne peut plus se soutenir. Ce n'est pas seulement comme doctrines dangereuses qu'il faut combattre le matérialisme et l'athéisme ; aux yeux du philosophe, ce sont des opinions absurdes avec lesquelles la pensée n'est qu'un jeu du hazard ou l'effet des lois du mouvement, comme l'ordre de l'univers n'est que le résultat fortuit d'une cause aveugle.

De la distinction des deux principes, on passe

à la nécessité de les concevoir unis. Cette union est prouvée par le fait. L'ame sent et pense conséquemment aux impressions faites sur les organes, elle prend connaissance de ces impressions ; et les organes se meuvent, se dirigent d'après la volonté, d'après une détermination libre et réfléchie. Les deux substances sont donc unies de manière que l'une puisse agir sur l'autre, et réciproquement. C'est cette réciprocité d'action qui constitue la pensée humaine. Nous disons la pensée humaine, pour distinguer nos connaissances, de celles qu'aurait une intelligence qui n'agirait pas par l'intervention d'organes matériels. Ainsi, on voit déjà comment nos facultés intellectuelles sont limitées par la nature même des moyens que nous avons pour connaître.

En troisième lieu, est-il possible de concevoir un moyen quelconque de communication entre deux substances d'une nature aussi différente ? Pour faire sentir l'inutilité de ces sortes de recherches auxquelles l'ancienne metaphysique donnait tant d'importance, nous exposons sommairement les principaux systêmes qu'elle avait imaginés pour expliquer cette communication mystérieuse.

1.º Le premier systême est celui qui suppose entre l'ame et le corps un agent intermédiaire, un médiateur qu'on nomme *plastique*. Ce médiateur est sans volonté, sans intelligence ; mais actif. C'est lui qui transmet à l'ame les impressions faites sur le corps ; et il exécute les volontés de l'ame, en produisant dans le corps tous les mouvemens qu'elle ordonne.

Il est aisé de voir que cette opinion, loin d'expliquer la communication des deux substances, la rend encore plus difficile. Ce médiateur, dont l'ame se sert sans le connaître, est matériel ou spirituel. S'il est matériel, il peut communiquer avec le corps ; mais il reste à concevoir comment il communique avec l'ame : c'est toujours la difficulté. Si on le suppose spirituel, il lui faudra, comme à l'ame, un agent intermédiaire pour communiquer avec le corps. Les expédiens auxquels les partisans de ce système ont été obligés de recourir, prouvent qu'en métaphysique, dès qu'on a passé un certain point, on ne sait plus où s'arrêter.

2.º Le système des causes occasionnelles fut imaginé par Descartes. Dans cette opinion, c'est Dieu lui-même qui est la cause générale et efficiente de toute action. Les créatures ou les causes secondes, ne sont que l'occasion qui détermine l'action de la cause générale. Le célèbre Mallebranche, dont le nom et les ouvrages ont donné à l'école cartésienne une grande partie de son éclat, a présenté sous le nom de système de l'assistance, l'opinion de son maître. En voici les bases.

Ce n'est pas le corps qui, par une communication quelconque, produit dans l'ame les sensations : c'est Dieu lui-même qui imprime à l'ame ces modifications à l'occasion des mouvemens excités dans le corps. Il en est de même des idées, c'est Dieu aussi qui les communique à l'ame à l'occasion de l'attention que Mallebranche appele une *prière naturelle*.

Les mouvemens du corps sont également produits par Dieu ; la volonté de l'ame n'en est que l'occasion.

Ainsi, dans cette opinion, il n'y a aucune communication entre les deux substances ; il n'y a aucune activité de la part de l'ame : sensations, idées, mouvement, tout vient directement de Dieu ; les corps et les esprits n'ont aucune modification nouvelle qui ne soit l'effet de l'action continuelle de Dieu. On a reproché à ce système de faire intervenir sans cesse et inutilement la divinité, de la faire concourir directement au mal. etc.

3.ᶜ Leibnitz crût avoir paré à tous les inconvéniens, par son système de l'harmonie pré-établie. Selon lui, le corps et l'ame sont dans la correspondance la plus parfaite, mais en même tems, dans l'indépendance la plus absolue. Le corps a été organisé de manière à exécuter toute la série des mouvemens qui répondent aux volontés de l'ame.

L'ame de son côté, renferme toutes les sensations, toutes les idées qu'elle doit jamais avoir ; mais elle ne les a que d'une manière confuse. Tout cela ne se développe et ne lui devient clair et distinct que successivement et à mesure qu'elle se trouve dans les différens points de correspondance avec les mouvemens de son corps, ou avec les impressions des autres objets.

On voit tout de suite les conséquences de ce système. Le corps est un pur automate ; il en est de même de l'ame, que Leibnitz appele *un automate immatériel des plus justes*. A tel moment précis, j'aurai telle sensation, telle idée, telle volonté ; le corps recevra telle impression, exécutera tel mouvement, sans que jamais cet ordre puisse être dérangé. Il est difficile de voir ce que devient la liberté de l'homme, dans cette hypothèse qui, dans le tems, a eu de nombreux partisans.

4.º Une opinion plus ancienne, plus vraisemblable, parce qu'elle s'accorde mieux avec les idées reçues, est celle de l'influence. Dans ce système, l'ame par sa volonté propre agit sur le corps et en détermine les mouvemens. Cette efficacité, dit-on, n'a rien qui répugne à la nature de l'esprit ; et il n'y a point d'absurdité à admettre que l'ame ait, pour son corps, une partie de ce pouvoir que l'auteur de la nature exerce sur toute la matière. On conçoit aussi facilement comment l'ame peut prendre connaissance des impressions que les objets extérieurs font sur le corps : car, l'ame doit sentir sa propre action et par conséquent ce qui y résiste ou ce qui la seconde; or, dans le nombre de ces impressions, celles de douleur résistent, s'opposent à l'action de l'ame, celles de plaisir la secondent et lui conviennent.

Les partisans de chacun de ces systêmes prouvent très-bien que les autres opinions sont inadmissibles. La conclusion est facile à tirer.

NOTE 16.^e

Il n'y a pas de doute que la sensibilité ne soit proportionnée aux moyens naturels qu'elle a pour s'exercer; et il n'est pas moins constant que ces moyens ne sont pas également répartis entre toutes les espèces animées. De-là, la différence des besoins, par conséquent celles des instincts aussi variés que les moyens naturels que chaque animal trouve dans sa conformation physique. Mais, par-là même que chaque espèce a un moyen approprié à sa conformation, l'usage fréquent qu'elle est forcée d'en faire, donnera promptement à ce moyen, à cet organe, toute la perfection, tout le développement qui lui convient. Il résulte de-là qu'un animal supérieur à un autre par un sens, peut lui être inférieur d'une autre manière. L'homme au contraire, à ne l'examiner que physiquement, réunit tous les moyens de sensibilité qui ne sont qu'épars dans les autres espèces.

Quoiqu'il en soit de cette supériorité naturelle que l'homme doit à son organisation, il en est une autre qui est son ouvrage ; et en admettant que la faculté de sentir est plus exquise chez lui, parce qu'il réunit dans une plus exacte proportion les moyens par lesquels cette faculté s'exerce, on ne pourra pas s'empêcher de convenir que cette faculté, lorsque la pensée la dirige, va infiniment plus vite et plus loin que si elle était abandonnée à ses propres forces. Ce n'est donc pas précisément parce que l'homme est mieux organisé, qu'il sent mieux; c'est principalement parce qu'il connaît mieux ses moyens et l'usage qu'il en peut faire ; et si l'on supposait qu'avec la pensée il n'eût que les mêmes moyens physiques qu'ont les animaux, il ne leur serait pas moins supérieur par la manière de sentir.

L'anatomie peut observer le mécanisme apparent des organes des sens; et cette structure merveilleuse est connue autant qu'elle peut l'être. On sait également que c'est au cerveau, à cette partie qu'on a appelée *Sensorium commune*, que se réunissent les impressions faites sur les organes ; de-là aussi semblent partir les mouvemens communiqués au corps ; et ce n'est pas sans raison qu'on y a placé le siége de l'ame, de l'entendement et de la volonté. Mais le jeu intérieur de la sensibilité échappe à l'observation. Sont-ce des *Esprits animaux* qui circulent avec une extrême vitesse ? Sont-ce des fibres qui ne peuvent être frappées à une extrêmité, sans que le mouvement se propage en un instant jusqu'à l'autre ? Quand même, ce qui n'est pas probable, on parviendrait à surprendre ce secret à la nature, on connaîtrait seulement mieux les moyens de sensibilité, sans mieux savoir ce qu'est la sensibilité elle-même.

Comme moyen de conservation, les sens avertissent l'être sensible de la présence des objets ; et par la différence des impressions qu'ils transmettent, ils le déterminent à les rechercher ou a les fuir, selon qu'ils conviennent ou nuisent à son organisation : il n'y a là qu'un rapport purement mécanique ; et pour le saisir, il ne faut ni jugement, ni réflexion, ni volonté. La sensibilité animale agit seule, attirée par le plaisir ou repoussée par la douleur. Jusque là, point de différence entre tous les êtres organisés et sensibles.

Mais ces mêmes organes que les autres animaux n'emploient qu'à leur conservation, fournissent à l'homme des matériaux pour ses premières connaissances : c'est sous ce point de vue si intéressant, que le philosophe doit sur-tout les examiner.

On pourrait dire qu'il n'y a qu'un seul sens, le toucher ; et effectivement aucune action d'un corps sur un autre ne peut avoir lieu que de cette manière. Mais le toucher se modifie de diverses sortes. Il est immédiat, lorsque l'organe est appliqué aux corps, et alors il conserve le nom de toucher. L'odorat ne s'applique pas immédiatement au corps odorant ; il ne reçoit que l'impression des parties très-subtiles et très-atténuées que ce corps exale et dissémine au loin. L'extrême subtilité de ces parties, et par conséquent la prodigieuse délicatesse de l'organe qui les reçoit, est prouvée par le fait : un grain de musc peut remplir de son odeur une chambre, pendant plusieurs années, sans diminuer sensiblement de poids.

Les saveurs des corps agissent sur l'organe du goût, de la même manière que les odeurs agissent sur le sens qui leur est relatif ; avec cette différence, que les particules sapides ne se détachent pas des corps qui les contiennent et ne viennent pas d'elles-mêmes frapper l'organe.

Le son n'est que l'air agité et qui arrive à l'oreille, avec les différentes modifications que lui impriment les corps mis en mouvement.

Enfin, les couleurs qui se peignent à l'œil, sont dans la lumière qui est décomposée diversement par les objets qui la reçoivent. C'est en vertu de cette décomposition, que les couleurs sont sensibles et viennent frapper la vue.

Le domaine de chaque sens est restreint par la structure même de l'organe ; et cet organe ne peut livrer à l'être sensible que des impressions analogues à cette structure. C'est à l'être sensible, qui est le centre commun de ces impressions, à

les accorder, à les comparer, à les distinguer, à
les évaluer les unes par les autres.

NOTE 17.[e]

Nous ne connaissons les corps, que par les impressions qu'ils font sur les organes des sens ; et
il ne se fait d'impressions, que parce que ces
organes ont avec les corps un rapport de structure qui rend chacun d'eux propre à telle impression plutôt qu'à telle autre. Ainsi, quand nous
avons appliqué successivement tous nos sens à un
corps quelconque, nous disons que nous le connaissons, qu'il a telles qualités, telles modifications. Strictement, nous devrions seulement dire
qu'à l'occasion de tel corps, nous avons éprouvé
telle sensation, telle modification. Mais il est extrêmement naturel que, l'être sensible, les organes des sens et les objets concourant, chacun
à sa manière, à produire la sensation, nous rapportions souvent à l'un ce qui appartient à l'autre. Il n'y a pas là d'erreur dangereuse ; nous
le verrons dans la suite. Mais il y aurait une
erreur très-grave à vouloir conclure de l'impression sensible des corps, à leur essence, à ce
qu'ils sont absolument et en eux-mêmes. Notre
connaissance n'est et ne peut être que relative.
Et ce n'est pas parce que l'esprit humain est
borné dans sa faculté, qu'il s'arrête là ; c'est
parce que les moyens qu'il a pour agir sur les
corps, pour les analyser, ne peuvent jamais lui

donner

donner que des impressions relatives à ces organes.

N O T E 18.^e

Trois causes se réunissent pour retarder les progrès de la faculté de sentir.

1.º La faiblesse des organes qui, seulement ébauchés au moment de la naissance, ont besoin d'un tems assez long pour se développer et atteindre le degré de force, de flexibilité et de souplesse nécessaire.

2.º Le défaut d'exercice et d'habitude : les sens sont autant d'instrumens que nous n'employons avec un peu de précision, que quand nous commençons à les connaître ; or, il faut du tems et une certaine expérience pour les connaître et pour les diriger de manière à bien recevoir les impressions. Nous n'avons aucune idée, aucun souvenir des essais multipliés qu'il nous a fallu faire ; mais cela même est une preuve de la lenteur avec laquelle nous avons avancé dans nos premières connaissances ; et l'obscurité qui dérobe à nos yeux les premiers tems de notre enfance, constate suffisamment la faiblesse de nos facultés à cette époque.

3.º L'inexpérience même de l'ame, de l'être sensible, est un obstacle qui doit arrêter long-tems ses progrès. En effet, avec des facultés qu'elle

14

ne sait pas encore employer, avec des organes faibles et qui lui sont inconnus, éprouvant en même tems une foule de sensations qui se succèdent avec rapidité, qui se présentent confusément, il n'est pas possible que, dans un état si nouveau pour elle, l'ame ne parvienne que très-lentement à démêler ce cahos.

N o t e 19.^e

Ce n'est que quand l'être sensible est en état de penser, qu'il peut se rendre un compte exact de ses sensations. Alors seulement, il voit qu'elles sont des modifications, des états passagers et variables qui ne tiennent pas nécessairement à lui. Il s'apperçoit en même-tems, que c'est au moyen de ces organes qu'il reçoit les différentes impressions qui lui arrivent, et que la présence ou l'action des objets extérieurs est nécessaire pour qu'il ait ces impressions. C'est alors qu'il transporte aux organes et aux objets extérieurs les qualités ou les modifications qu'il avait senties en lui-même. Quand nous commençons à rapporter nos sensations aux organes ou aux objets extérieurs, il nous est déjà plus facile d'accorder les rapports de nos sens, de les rectifier les uns par les autres, de les faire concourir tous à la connaissance d'un même objet : par exemple, quand, à la présence d'un objet, nous avons éprouvé la sensation de couleur rouge, d'odeur agréable, de saveur douce ou amère, de dureté ou de mollesse, de son aigu ou grave etc., toutes ces sensations sont, dans les commencemens, isolées et elles semblent probablement appartenir à cinq objets différens ; dans la suite, lorsque la faculté de sentir est exercée et assurée par la pensée, toutes ces sensations isolées et partielles se réunissent en une sensation totale et unique, qui ne présente plus qu'un seul et même objet dans lequel ces qualités se trouvent confondues et identifiées. Ainsi, chaque sens a extrait de l'objet l'impression qui lui est relative, et de cette manière l'objet est analysé ou décomposé par les sens; mais l'objet n'est connu et parfaitement senti que quand, par la synthèse, on réunit en un seul sujet toutes ces impressions ; et voilà la différence des sensations de l'homme et de celles qui ne conviennent qu'aux animaux. Sans cette synthèse, non-seulement il n'y aurait point de pensée, il n'y aurait même qu'une sensibilité très-imparfaite, mais cependant suffisante pour l'effet que l'instinct animal en tire relativement à la conservation.

Qu'il soit permis de proposer un doute sur cette fameuse statue que Condillac doue successivement des organes des sens : l'homme tel qu'il est, pense et sent par la somme de tous ses moyens reunis ; des efforts longs et pénibles, des comparaisons innombrables lui sont cependant nécessaires. Comment donc concevoir qu'avec un seul de ces moyens, il pût faire tous les progrès que suppose notre célèbre métaphysicien ? Le traité des sensa-

tions est certainement un chef-d'œuvre d'analyse,
et il présente dans leur simplicité naturelle tous
les élémens de la sensibilité ; mais parce qu'on
pense avec tous ces élémens, on n'en doit pas
conclure qu'un seul suffirait pour penser.

NOTE 20.^e

Attention, c'est la *tension*, la direction d'une
faculté vers un objet quelconque; des organes,
vers le corps dont l'action les frappe ; de la faculté sensitive, vers l'impression qui lui est trans-
mise ; de la faculté intellectuelle, vers l'idée qui
est présente à l'esprit : c'est l'état de l'ame ou
de l'esprit occupés à sentir ou à penser. On ne
peut définir autrement l'attention, que par les
effets produits à la suite d'une sensation ou d'une
opération intellectuelle.

Mais on voit comment l'attention est excitée,
ou comment l'ame devient attentive. Car, qui
dit faculté, dit une puissance qui, pour agir,
n'a besoin que d'une matière sur laquelle puisse
se porter son action : or, les impressions faites
par les objets extérieurs sont précisément cette
matière analogue à la faculté de sentir, et qui,
à l'instant même qu'elle lui est présentée, provoque naturellement son action, son attention.

S'il n'y avait qu'une impression, il est clair
qu'elle s'emparerait de l'attention. Mais une multitude d'objets agissant en même-tems sur les

organes, il se fait à la fois une foule d'impressions.
Dire qu'elles sont toutes senties et remarquées
par l'attention, c'est ne rien dire, sur-tout quand
il s'agit des premiers essais que l'ame fait de sa
faculté dont l'expérience ne lui a pas encore appris à connaître et à diriger l'action. Il paraît
donc que, si ces impressions étaient égales en
force, il n'y aurait qu'une sensation vague et
confuse, impossible à analyser, puisqu'il n'y àu-
rait aucune impression qui pût attirer plus particulièrement l'attention. Voilà pourquoi il faut bien
admettre qu'entre toutes ces impressions, il en
est toujours quelqu'une plus propre à être remarquée, soit parce qu'elle est contraire ou favorable au besoin, à l'organisation ; soit parce
qu'elle est plus persévérante, plus souvent présentée. C'est sur-tout parce qu'une impression est
fréquemment répétée, qu'elle finit par être mieux
sentie : des impressions différentes qui se succé-
deraient avec rapidité, occuperaient sans doute
la faculté, mais sans lui permettre de faire aucun progrès : il faut qu'elle se fixe sur quelques-
unes, qu'elle les travaille long-tems et [à plusieurs
reprises ; ce n'est que quand elle est parvenue
à les sentir, qu'elles lui servent de degrés pour
arriver à d'autres.

L'attention, comme on voit, doit suivre tous les
progrès de la faculté, puisque c'est elle qui les
lui fait faire : aussi nous verrons dans la suite que
ce qu'on appelle les différentes opérations de l'es-

prit, ne sont que cette attention même diversement modifiée, donnée à un ou à plusieurs objets, portée sur quelques idées, ou sur une chaîne de jugemens ou de raisonnemens. Et quand on dit que, dans ces cas, l'attention se partage, elle n'en est pas moins portée sur quelque chose d'unique ; car ce qu'elle saisit alors, n'est qu'un rapport.

Comme la sensation n'a lieu que parce qu'il y a un être sensible, des organes et des impressions faites sur ces organes, elle peut être regardée comme l'effet composée de plusieurs causes. Supposons d'abord les organes convenablement disposés : pour évaluer la sensation, il ne reste que l'impression, et l'action ou l'attention de l'être sensible.

L'attention étant supposée égale, la force de la sensation varie comme la force même de l'impression. Ainsi, l'impression forte produit naturellement une sensation vive ; une impression médiocre et ordinaire ne sera que médiocrement sentie ; et les impressions très-faibles seront à peine remarquées.

Mais sitôt que l'ame s'est exercée à sentir et que, par l'habitude, elle a appris à diriger son action, elle est moins soumise à la force physique de l'impression ; elle se livre entièrement et de préférence à quelques-unes, elle s'y complaît en quelque sorte ; et les autres quoique présen-

tes , quoique plus fortes , ne s'attirent point l'attention ou n'en obtiennent qu'une très-faible. Par
exemple , au fort de la mêlée, le soldat ne sent
pas , ou ne sent que faiblement la douleur d'un
coup souvent mortel. Le tumulte d'une ville prise
d'assaut n'est pas assez fort pour tirer Archimède
de la contemplation profonde de l'objet qui l'occupe. Il n'est personne qui n'ait éprouvé quelque
fois que l'attention forte donnée à une idée , à
une question qu'on cherche à résoudre , suspend
très-long-tems l'exercice de la faculté de sentir.

Cependant ces impressions dont on n'a pas
connaissance dans le moment , ne sont pas toujours entièrement perdues ; il arrive souvent que
l'attention , n'étant plus occupée de l'objet qui
s'en était emparé, revient sur ces impressions et
les ressaisit. Cela a sur-tout lieu lorsque dans la
multitude des objets qui se sont présentés , on n'en
a remarqué que quelques-uns ; et comme les
autres étaient liés à ceux-là dans la sensation
totale qu'on a éprouvée, c'est par le moyen de
ces derniers qu'on rappele les autres et qu'on
sent l'impression qu'on n'avait pas assez bien analysée au moment qu'elle a eu lieu. Cette opération tardive suppose que la faculté a déjà fait de
grands progrès.

Les perceptions qu'on appele obscures sont ,
dans l'origine, des sensations qui n'ayant pas été
assez remarquées, soit à cause de la faiblesse de

l'impression , soit par défaut d'une attention suffisante, ont cependant été assez senties pour laisser
après elle quelque chose de vague , mais qui ne
donne pas assez de prise à l'analyse.

NOTE 21.ᵉ

Ces jugemens faux qu'on prétend être dans les
sensations , et quelques erreurs qu'on reproche
aux sens , méritent d'être expliqués.

D'abord, il est assez probable que les premières
sensations qu'on éprouve , on ne les rapporte ni
aux organes , ni aux objets. Lorsque l'être sensible commence à être affecté de plaisir ou de douleur , il ne connaît encore , ni les sens qui sont
les moyens de ses sensations, ni les objets qui
en sont l'occasion. A mesure que la faculté s'é-
tend , les organes nécessaires à l'être sensible lui
paraissent une partie de lui-même ; mais c'est
l'habitude seulement qui les lui fait juger tels :
car , puisque , l'organe étant approché de l'objet ,
il y a sensation , et qu'elle cesse lorsqu'il en est
éloigné , il n'est pas surprenant qu'on croye sentir dans les organes, quoique réellement on sente
seulement par leur moyen. Et même la force de
cette habitude est telle que celui à qui on a fait
l'amputation d'un bras , continue à rapporter à la
main dont il est privé, certaines sensations qui
évidemment ne lui arrivent pas par ce moyen.

Le jugement par lequel nous attribuons aux

corps, des qualités relatives aux sensations que nous avons éprouvées, n'est point dans la sensation; et d'ailleurs il n'est pas faux. D'abord, ce jugement n'est point dans la sensation, il en est très-différent et très-indépendant, puisqu'on peut avoir des sensations long-tems avant de les rapporter aux objets; ce n'est que quand l'entendement est déjà formé, que l'esprit attache aux idées des objets celles de leurs qualités ou des impressions que nous avons reçues à leur occasion. En second lieu, ces sortes de jugemens ne sont point faux : en les portant, nous n'affirmons que ce que nous avons effectivement senti, et nous pouvons dire avec vérité, *ce corps est dur, chaud, rond, coloré, sonore* etc.; parce qu'à l'occasion de ce corps, nous avons réellement éprouvé ces différentes sensations. Nous pouvons même aller plus loin : nous affirmons sans crainte de nous tromper, qu'il y a dans les corps quelque chose qui est propre à produire les impressions, comme nous sommes sûrs qu'il y a dans notre corps une disposition quelconque propre à les recevoir. Ici, l'on peut déjà appercevoir comment s'établit la certitude de nos connaissances et jusqu'où elle peut aller. Ce sentiment, cette conscience inséparable de la sensation, qu'on a appelé *sens intime*, n'est rien autre chose que l'ame elle-même sentant son existence, se connaissant affectée, modifiée de telle manière. Lorsque, d'elle-même où est sa modification, son sens intime, elle passe à ses organes, aux objets extérieurs, c'est encore son sens intime ou la conscience de son action, qu'elle connaît; mais elle la connaît alors comme appliquée à quelque chose hors d'elle : c'est ce qu'on a appelé *relation des sens* ou rapport des objets à la sensation. Enfin, lorsque les opérations intellectuelles ont transformé en idées abstraites les élémens contenus dans la sensation, *l'évidence* n'est, pour l'esprit, que la conscience de la conviction qui résulte de son opération, tout comme le sens intime n'est que la conscience que l'homme a de son état actuel. Voilà les trois sources des connaissances : par le *sens intime*, l'ame se connaît ; par la *relation des sens*, elle connaît les rapports des objets à elle ; par *l'évidence*, elle saisit les rapports des idées. L'évidence et la relation des sens sont donc fondées toutes deux sur le sens intime, comme toutes nos idées sont fondées sur la sensation.

Quant aux erreurs des sens, ou aux contradictions qui se trouvent entre les rapports de sens différens, la difficulté n'est pas grande. Il n'y a jamais erreur dans les sens : (on suppose les organes bien disposés) ils rapportent toujours strictement et exactement l'impression. C'est dans le jugement précipité que nous portons, que se trouve l'erreur que nous attribuons mal-à-propos aux sens. Je vois de loin un objet, je juge que c'est un loup ; dans le fait c'est un chien : il est clair que ce n'est pas le sens de la vue qui s'est trompé ; c'est l'esprit qui, jugeant trop tôt sur une image, sur une idée encore trop obscure, a commis l'erreur. En fait de sensation ou de relation des sens, il faut bien distinguer ce qui appartient strictement aux sens, et les préventions ou jugemens que nous y mêlons. On explique de même les contradictions qui se trouvent dans les rapports des sens. A la vue d'un tableau, nous croyons les objets saillans, et le toucher nous présente une surface unie; chaque sens a transmis la sensation telle qu'elle doit être selon l'impression qu'il a reçue. Le bâton qui paraît droit à l'air, semble courbé lorsqu'on le plonge dans l'eau : dans ces deux cas, l'œil a transmis l'impression telle que l'objet l'a donnée. Il n'y a pas de contradiction dans ces sensations, mais seulement dans les jugemens qui les suivent; et cette contradiction apparente n'est pas difficile à lever: car dans le doute, le toucher nous fixe sur le jugement que nous avons à prononcer.

N O T E 22.e

C'est par des affections de plaisir ou de douleur, c'est-à-dire, par des impressions convenables ou contraires aux besoins de l'être sensible, que sa faculté doit commencer à s'exercer. Les images des objets qui donnent ces impressions, ne fixent l'attention, que parce qu'elles sont liées aux affections; et elles deviennent bientôt un moyen de reconnaître les objets propres à causer du plaisir ou de la douleur : voilà comment la volonté et l'entendement doivent se former en même tems, par les mêmes moyens, et concourir tous deux au même but. La volonté est l'action de l'ame qui se porte de toute sa puissance vers l'objet qui lui convient, ou qui s'éloigne de celui qui ne lui convient pas ; l'entendement est l'action de l'ame qui distingue entre les objets ceux qui sont convenables ou nuisibles : l'un et l'autre ne peuvent s'exercer d'abord que sur ces perceptions sensibles, sur les affections et les images qui sont dans la sensation.

Les progrès et le perfectionnement de la volonté suivent ceux de l'entendement. D'abord, les affections et les images sont aussi fugitives que la sensation. Mais les affections produisent à la longue des habitudes ou des passions ; tandis que, de leur côté, les images des objets prennent dans l'esprit des formes déterminées et permanentes. Dès-lors la volonté devient plus active ; parce que l'objet de son action lui est présenté d'une manière plus distincte. Elle deviendra libre, lorsque l'entendement assez éclairé présentera différens objets à son action, différens moyens pour arriver à la même fin. On voit que, dans les actes qu'on appele libres, il faut admettre en concurrence l'entendement et la volonté comme élémens nécessaires.

NOTE 23.e

Les passions sont l'effet naturel des affections

de plaisir et de douleur ; elles sont pures et bonnes, tant qu'elles sont strictement bornées à cette espèce de besoins auxquels la nature a attaché la conservation de l'être sensible : alors elles ne sont pas distinguées de *l'amour de soi*. Mais lorsqu'aux besoins de la nature, se joignent les besoins factices qui naissent nécessairement de l'état de société et des progrès de nos connaissances, les passions changent d'objets, et elles peuvent se dépraver. Cela arrive, lorsque l'individu qui n'est plus que partie, continue à se regarder comme tout. En effet dans l'état de société, l'amour de soi doit s'étendre à tout l'être moral qu'on appele société, et alors les passions, qui auparavant avaient pour objet la conservation individuelle, doivent être dirigées vers le bien-être commun, comme les intérêts particuliers doivent se fondre dans l'intérêt général. C'est là le principe essentiel de la morale, et il sort immédiatement des relations que l'homme a avec ses semblables ; relations naturelles et nécessaires qui ne sont point l'effet des circonstances ou des conventions, mais celui des facultés mêmes dont l'exercice et la perfection ne pourraient avoir lieu sans ces relations.

Détruire les passions tant naturelles que factices, c'est ôter à l'homme tout motif d'agir ; les régler, leur présenter leur véritable objet, le but utile à l'individu et à la société, c'est la véritable sagesse. L'abus des passions, les mauvaises habitudes, les vices tiennent à des erreurs de juge-

ment, qui nous font placer le bonheur, le bien-
être, dans des objets où ils ne sont pas ; en sorte
que la perfection de la morale tient radicalement
à celle de l'entendement.

NOTE 24.^e

Les opérations de l'esprit sont intimement liées
à celles de la sensibilité, et celles de la sensibilité sont évidemment subordonnées à l'état actuel
de l'organisation. Il suit de-là que l'organisation
étant altérée, les sensations ne présenteront à
l'esprit que des élémens peu propres à être la
matière d'un travail régulier et exact. Ainsi, de
même que les facultés intellectuelles et physiques
ont reçu, depuis l'enfance, des accroissemens
progressifs, parvenues à un certain point, elles
doivent décliner insensiblement et suivre dans leur
décadence l'affaissement gradué des organes : les
opérations doivent devenir plus lentes, plus pénibles, plus incertaines, et l'habitude se perdant
peu à peu, l'esprit et les sens deviennent pesans
et inactifs. Il en est de même des divers états de
maladie : selon qu'elles affectent plus ou moins
violemment l'organisation, elles gênent, suspen-
dent ou troublent les opérations intellectuelles.
Que conclure de-là ? Que tout est physique dans
l'homme ? Non : mais seulement que, dans l'exercice, le physique et l'intellectuel sont étroitement
unis ; que l'esprit, naturellement et par habitude,
ayant toujours lié ses opérations à des sensations,

ne les fait plus ou les fait moins bien, quand les sens ne lui fournissent plus une matière suffisante et bien préparée.

N o t e 25.ᵉ

Quand on fait l'analyse de l'entendement, on se trouve presque continuellement serré entre deux écueils ; ou l'on donne trop aux sens, ou bien on ne leur accorde pas assez ; les uns les excluent presqu'entièrement des opérations intellectuelles, les autres les regardent comme cause unique et suffisante de la pensée. C'est entre ces deux extrêmes qu'il faut chercher une théorie raisonnable du système intellectuel ; et pour la trouver, il faut prendre les faits tels qu'ils se présentent, les rapporter à des causes qui leur soient analogues, et ne tirer d'inductions que celles qui sortent naturellement de cette liaison. C'est la marche que nous avons constamment suivie dans notre analyse. En admettant la sensation comme principe des opérations de l'esprit, nous ne l'avons donnée que pour ce qu'elle est réellement, pour le premier degré qui conduit à la pensée, pour une matière qui étant présentée à une faculté active et capable de connaître, en reçoit des formes et une perfection que la sensibilité seule est bien loin de pouvoir lui donner.

Il n'est pas étonnant que, dans une analyse qui doit porter sur la série entière des faits relatifs à l'entendement, on se trouve avoir beaucoup de principes communs avec tous ceux qui ont traité cette matière ; il serait même impossible que cela fût autrement.

Tous les systêmes partent du même point et marchent quelque tems ensemble ; ils se divisent ensuite et offrent des résultats si différens, si contradictoires même, qu'on ne croirait jamais qu'ils sortent de la même source. Cette divergence vient de ce que, dans la considération des faits, on obéit à une opinion déjà formée dans l'esprit, et qu'au lieu de tirer de ces faits des conclusions telles qu'ils les présentent, on déduit les faits eux-mêmes comme n'étant que des conséquences d'un principe qu'on a supposé.

C'est sur un pareil sophisme que roule entière-ment le premier discours d'Helvétius. Si-tôt qu'il n'y a dans l'homme qu'une puissance passive, la sensibilité physique dont la mémoire n'est qu'un organe, il faudra bien que le jugement, le rai-sonnement et toutes les opérations de l'esprit ne soient que cette sensibilité. Au reste, il s'en faut bien qu'Helvétius ait fait un système ; on ne peut guère donner ce nom à quelques principes avan-cés au hasard et sans preuves, et qui d'ailleurs ne sont pas nécessairement liés aux explications que l'auteur veut en tirer : ce qu'il ajoute dans les discours suivans, sur l'esprit considéré sous dif-férens points de vue, et sur les passions comme

mobiles

mobiles de nos actions et de nos progrès dans les connaissances , s'expliquerait aussi aisément dans toute opinion qui admet, pour la pensée, une faculté active et différente de la sensibilité physique. En effet, les développemens de l'esprit, comme nous l'avons observé, tiennent à différentes causes qui peuvent se combiner de mille manières ; à une sensibilité plus ou moins exquise, qui donne des affections plus ou moins vives, des passions plus ou moins fortes; à des circonstances de tems, d'opinions, de gouvernement, de mœurs, qui peuvent imprimer à l'esprit telle ou telle direction, présenter aux passions des motifs plus puissans; à une suite d'opérations plus exactes qui fait contracter pour les autres opérations une facilité, une habitude d'attention et de justesse qu'on n'aurait pas sans cela : de cette manière, l'entendement ou l'esprit de chaque individu, se compose de divers élémens parmi lesquels il faut sans doute compter la sensibilité, mais sans lui donner plus d'influence qu'elle n'en a réellement sur les opérations intellectuelles.

Note 26.^e

Sentir, penser, juger, raisonner, ne sont pas des opérations dont chacune puisse se faire indépendamment des autres; dont l'une puisse avoir une certaine précision, tandis que les autres n'en auraient encore aucune. Si les progrès de l'entendement sont si lents et si faibles, ce n'est pas parce que dans les commencemens on n'agit qu'avec une partie des facultés : elles entrent toutes à la fois en action, mais avec l'incertitude qui résulte de la nouveauté et de l'inexpérience. Ainsi, tandis que les organes encore faibles ne présentent que des sensations vagues, que des perceptions très-obscures, l'esprit, dans une matière aussi mal préparée, n'apperçoit que confusément l'objet de son travail; il l'entreverra plus nettement, lorsque les sens plus exercés transmettront des images plus claires, des affections plus fortes. Peu importe quels soient le nombre et la nature de ces premières connaissances : car, les opérations que l'entendement formé doit faire sur une foule d'idées abstraites, ne diffèrent pas essentiellement de celles que l'enfant essaie sur quelques idées très-sensibles. Sensations, idées, abstractions, comparaison, jugement, mémoire, tout se forme, se développe ensemble; tout est long — tems dans une sorte de cahos et de confusion. Mais quand l'ordre et la clarté paraissent dans une partie, les autres s'arrangent et s'éclaircissent à l'instant.

Ainsi, lorsque, pour arriver au principe des opérations de l'esprit, nous remontons jusqu'aux sens et que nous analysons la sensation, nous la supposons aussi parfaite qu'elle peut l'être, quoiqu'elle ne devienne telle que par la pensée. Cette méthode n'est point celle de la nature qui nous fait travailler et ébaucher en même-tems toutes les parties dont l'entendement se compose; ce n'est que l'ordre de la science qui, pour mieux connaître toutes ces parties, les examine chacune séparément, et par-là peut apprécier en quel rapport, en quelle proportion elles se combinent pour donner le produit total qu'on appele pensée.

NOTE 27.^e

Il faut déterminer exactement la signification du mot *penser*, par opposition à *sentir*; car ces deux opérations se trouvent continuellement mêlées, et il est facile de prendre l'une pour l'autre et de croire qu'on n'a fait que sentir, quand réellement on a pensé. Il y a *pensée*, lorsque l'esprit apperçoit des rapports à la suite d'une comparaison. Il y a aussi des rapports saisis par la sensation; mais ces deux sortes de rapports ont de très-grandes différences : de-là celle qui se trouve entre sentir et penser.

Le rapport connu par sensation, est un rapport naturel et physique entre deux objets dont l'un fait impression et l'autre la reçoit. La connaissance, ou plutôt le sentiment de ce rapport, ne dure qu'autant que l'impression : ainsi, par la sensation, toutes les connaissances, quoique successives, sont individuelles et détachées; chaque objet est senti séparément, et l'effet de cette sensation

se borne , pour l'être sensible, à une affection
qui ne l'intéresse qu'à raison d'une disposition
actuelle.

Au contraire , les rapports connus par la pensée , offrent une suite de connaissances liées entr'elles, indépendantes des objets et de l'être sensible lui-même, quant à leur manière d'exister
dans l'esprit ; par-conséquent fixes et durables ,
parce que les termes de comparaison ne changent pas. C'est parce que ces rapports sont fixes,
que l'esprit peut étendre plus loin ses connaissances et que, par la pensée, il embrasse une
multitude d'idées qu'il travaille et combine de
toutes les manières , tandis que les sensations,
tant qu'elles restent telles, ne présentent que la
perception actuelle et momentanée qui par elle-
même ne se lie à aucune de celles qui ont précédé ou qui doivent suivre. Ainsi , quoiqu'en
vertu de la sensation, l'animal agisse de la même
manière que l'homme, qu'il s'approche ou s'éloigne des objets à raison du plaisir ou de la douleur qu'il en reçoit, ce jugement naturel, si l'on
veut lui conserver ce nom, n'est point de la pensée ; il n'y a point là de véritable comparaison ,
c'est-à-dire , une opération qui suppose examen,
analyse et réflexion.

Il faut se rappeler ici que, dès que l'entendement est une fois formé, les opérations de l'esprit se mêlent continuellement à nos sensations

et que nous avons bien de la peine à distinguer les actes de pur jugement, de ceux qui appartiennent à la sensibilité.

NOTE 28.^e

L'idéologie est la science des idées; ce mot est nouveau et il convient à la méthode philosophique qu'on emploie depuis quelque-tems dans cette partie de la métaphysique qui traite des idées. L'idéologie peut être considérée sous trois rapports généraux.

Par rapport à l'analyse de l'entendement, elle consiste à exposer les progrès de l'esprit humain, et comment se forme cette chaîne d'opérations au moyen desquelles nous pénétrons tout ce qui peut être l'objet de la connaissance humaine : elle est le fondement de l'art de penser.

Par rapport à une science particulière, l'idéologie est la partie philosophique de cette science, qui en détermine nettement les idées, qui en précise l'objet : elle n'est que l'application de l'idéologie générale à l'une des parties de nos connaissances.

Par rapport aux langues ou à l'art de parler, l'idéologie est la connaissance de la signification des mots, d'après les différens sens ou idées que l'usage a attachés à ces mots. C'est par ce moyen que l'étude des langues, quand elle est bien faite, contribue tant à donner de la justesse à l'esprit. C'est une idéologie élémentaire et naturelle qui présente dans les signes toutes les parties et les diverses combinaisons de la pensée.

Lorsque, de l'étude des langues, on passe à celle d'une science quelconque, les idées de cette science classées dans un certain ordre, se présentent liées les unes aux autres et établissent peu à peu dans l'esprit une méthode qui rend plus faciles les opérations régulières qu'on veut tenter sur ces idées.

Enfin, lorsque l'esprit s'est exercé sur plusieurs sciences et qu'il réfléchit sur les procédés qu'il a suivis pour connaître, il voit que, quelque divers que soient les objets de ses connaissances, il les a acquises par les mêmes moyens, par les mêmes opérations. Alors se repliant sur sa faculté il en examine l'action, il en suit les développemens, et il finit par se connaître lui − même. Ce dernier degré de connaissance doit nécessairement être amené par la perfection de toutes les autres parties du savoir. L'art de la parole, ainsi que les autres arts qui ont pour objet l'imitation, et le goût pour règle ou pour juge, ont dû paraître aussi − tôt que l'homme est sorti de cette espèce d'enfance où le retenait le soin pénible et sans cesse renouvellé de sa conservation : fruit de l'aisance, de l'industrie, du plaisir et de l'émulation, ils se sont plus ou moins perfectionnés, selon que les circonstances ont favorisé leurs progrès.

Les sciences, qui supposent bien plus de réflexion, des observations nombreuses, lentes et difficiles, n'ont dû naitre qu'après les arts : il a fallu les efforts réunis de plusieurs siècles, pour en préparer les matériaux, en élaguer les erreurs, en assortir les parties, en assurer la marche. C'est de ce travail que doit à la fin sortir la vraie philosophie, la science de l'homme intellectuel : ce n'est que quand il a déployé ses facultés dans toute leur étendue, qu'il peut justement les apprécier, en démêler distinctement les opérations, en poser les règles. Il ne peut bien se connaitre que dans des ouvrages parfaits.

Note 29.ᵉ

C'est la nécessité de distinguer les différentes opérations de l'esprit, qui a introduit en métaphysique toutes ces dénominations qu'on a fini par prendre pour les noms d'autant de facultés distinctes. Pour peu qu'on y fasse attention, on voit tout d'un coup que la même faculté suffit à toutes les opérations de la pensée ; que ces opérations ont entr'elles des rapports si faciles, une liaison si naturelle et si intime, que la seconde n'est que la continuation de la première, une manière différente de considérer le même objet. Cela devient sur-tout incontestable par la lenteur même des progrès de notre esprit ; ce n'est qu'à force d'exercice et d'habitude qu'il parvient à assurer sa marche. Il n'y a donc qu'une seule et même faculté, celle de penser, mais qui prend différens noms, parce qu'elle peut s'exercer de différentes manières, se porter sur un seul ou sur plusieurs objets. Ainsi percevoir, abstraire, comparer, juger, raisonner, se ressouvenir, imaginer, ne sont que les diverses formes de la pensée plus ou moins développée.

N o t e 3o.^e

Ce que nous appelons ici *perceptions*, doit être regardé comme le premier degré des opérations de l'esprit, parce que c'est sur elles que doit se porter l'attention pour en former les premieres idées abstraites. Les perceptions considérées comme élémens de la pensée, sont placées entre les sensations et les idées intellectuelles; elles sont la nuance nécessaire, mais presqu'imperceptible, par laquelle les opérations de l'entendement se rattachent à celles de la sensibilité.

Pour que les perceptions donnent naissance aux opérations de l'esprit, il en faut plusieurs qui lui soient en même tems présentes; elles peuvent l'être de deux manières. Deux ou plusieurs perceptions peuvent se trouver dans la même sensation, ou dans des sensations différentes qu'on aurait en même tems : dans cette supposition, l'opération est facile, elle se fait sur les perceptions telles qu'elles sont contenues dans la sensation; mais cependant la perception n'en sera pas moins distinguée de la sensation, parce qu'alors ce n'est que sur quelques parties de la sensation que se portera l'attention.

La seconde manière est un peu plus difficile à concevoir. On suppose que la présence habituelle et fréquente de quelques objets, de leurs impressions, de leurs images, en modifiant continuellement l'être sensible de la même manière, le dispose peu-à-peu à retenir de préférence ces perceptions, ou du moins à les reconnaître bien plus facilement, lorsqu'il les retrouvera dans d'autres objets, dans d'autres sensations. La chose n'est ni impossible ni invraisemblable ; elle est dans l'analogie de toutes les autres opérations de l'homme sensible et intellectuel. Il est de fait que, lorsque l'entendement est formé, nous avons la plus grande facilité à retenir des images, des perceptions ; et il nous semble que nous les avons telles qu'elles nous ont été présentées par l'objet. Cependant, de ce fait on ne peut rien conclure à celui de nos premières perceptions ; parce que les images que nous conservons maintenant, nous ne les retenons probablement qu'au moyen des abstractions et des signes, tandis que nous n'avions encore ni abstractions, ni signes pour nos premières perceptions.

Voilà pourquoi nous n'avons ni admis, ni rejeté cette *contemplation* dont quelques métaphysiciens ont fait une opération particulière ; car elle

n'est pas strictement nécessaire entre les perceptions et l'abstraction; et si l'on ne l'applique qu'à
l'attention donnée à des idées déjà formées, elle
n'est pas essentiellement différente des autres opérations qu'on fait sur ces idées.

NOTE 31.^e

Abstraire, c'est détacher, séparer une partie
d'un tout, une qualité d'un objet, une modification d'une substance. L'abstraction commence
d'une manière très-simple et en quelque sorte
physique. L'image d'un objet quelconque ne nous
le représente clairement que par la réunion de
toutes ses parties. Cette perception totale de l'objet se compose donc des perceptions de chacune
de ces parties examinées séparément : sans cette
analyse, on ne conçoit aucun progrès possible
pour l'esprit ; mais par elle, chaque perception
se détache, se sépare de la perception totale et
prépare à une nouvelle abstraction.

Chaque perception est isolée ou individuelle ;
elle a quelque chose qui la distingue d'une autre ;
mais aussi elle a avec d'autres quelque ressemblance, une impression, une qualité commune.
Cette ressemblance, cette qualité commune est
remarquée par l'attention, et elle devient une
idée abstraite, lorsqu'on l'attache à un signe à
l'aide duquel l'esprit peut s'en occuper, comme
s'il la voyait encore dans des perceptions.

Le troisième degré d'abstraction a lieu, lorsque l'esprit, ayant déjà un assez grand nombre d'idées abstraites et voulant en prévenir la confusion, les distribue en classes dont chacune est distinguée par un caractère propre. Cette distribution méthodique ne sert pas seulement à la distinction des idées; elle facilite encore les opérations du jugement et du raisonnement, en présentant tout d'un coup les différens termes de comparaison que ces opérations exigent.

Enfin, l'abstraction se trouve portée au dernier degré, lorsque l'esprit travaillant sur des idées abstraites déjà régulières, en forme de nouvelles abstractions qui ne sont que ses propres conceptions ou ses manières de voir d'après ses opérations : telles sont les idées générales dont nous essayons l'analyse à la fin de l'idéologie.

Pour rendre plus sensibles les procédés de l'esprit dans ces différentes sortes d'abstractions, prenons pour exemple cette partie si intéressante des connaissances humaines, l'histoire naturelle : elle nous offrira la marche progressive de l'esprit par le moyen de l'abstraction.

D'abord une foule d'objets isolés, confondus, sans autres rapports que ceux de leur position, se présentent. La sensation ou l'impression générale qui en résulte, nécessairement vague et confuse, n'offre rien de net à l'esprit. Tant que les objets se présenteront de cette manière, il sera impossible de connaître. La connaissance ne commencera que lorsque l'attention fixée sur un objet unique, pourra l'analyser et en parcourir successivement les parties. On voit que, pour cette première opération, il a fallu détacher l'objet de la foule des autres qui faisaient en même-tems impression, et ensuite détacher ou considérer à part chacune des parties de cet objet.

Un autre objet considéré de la même manière, aura avec le premier des ressemblances et des différences; et il en sera de même de tous les objets sur lesquels l'attention se fixera. Cette comparaison des objets par leurs ressemblances et par leurs différences, donne d'un côté des qualités communes et abstraites, et de l'autre elle indique déjà les classifications. D'abord les classifications pourront être très-inexactes. L'esprit frappé de ressemblances trop légères aura compris sous la même classe un trop grand nombre d'objets ; ou bien faisant trop attention a de faibles différences, il aura multiplié sans nécessité les divisions. Mais cet inconvénient, qui n'en est pas un très-fort dans les commencemens, disparaîtra bientôt, quand l'esprit voulant avancer dans ses connaissances, sentira le besoin de rectifier son premier travail.

Les classifications étant une fois régularisées dans l'esprit, leur réunion se présentera sous la forme d'une seule idée plus abstraite et plus générale. Ainsi, dans notre exemple, le mot *nature* est l'idée générale qui réunit les trois grandes divisions ou *règnes animal*, *végétal* et *minéral*. Chacune de ces divisions comprend plusieurs genres dans chacun desquels sont des espèces divisées elles-mêmes en variétés, jusqu'à ce qu'on arrive aux individus dont l'examen et l'observation ont fourni les premières perceptions ou les idées simples détachées, transformées et généralisées par l'abstraction.

Ce que nous disons ici de l'histoire naturelle, serait aussi vrai de toute autre science; l'abstraction suit dans toutes la même marche, excepté qu'elle ne pose pas toujours sur des idées aussi sensibles.

L'abstraction ne peut commencer, s'élever, se soutenir, sans que les signes ou langues fassent les mêmes progrès. Voilà pourquoi les mots des langues, qui dans l'origine étaient les signes d'objets propres et physiques, sont devenus d'abord les signes de genres ou d'espèces, ensuite d'idées purement intellectuelles, et enfin n'ont quelquefois exprimé que de simples rapports. C'est pour la même raison que, dans les langues, les mots se combinent, se composent, se décomposent comme les idées dont ils sont signes ; destinés à exprimer et à faciliter les opérations de l'esprit, ils doivent se confondre en quelque sorte avec elles et les suivre dans toutes leurs nuances.

Il suit de-là que toute la science n'est qu'une suite d'abstractions; qu'elle n'est jamais et ne peut être la connaissance des choses en elles-mêmes. En effet, tant qu'il n'y a que des sensations, on se connaît, on se sent affecté de telle manière; cette connaissance, s'il est permis d'employer ce nom, n'est que le sentiment du rapport entre nous et les objets. Quand on commence à penser, on ne saisit dans des perceptions que ce qu'elles ont de semblable, c'est-à-dire, un rapport entre ces perceptions. Quand on range ces premières abstractions en classes subordonnées, c'est encore d'après des rapports, des ressemblances ou des différences qu'on apperçoit entr'elles. Qu'on abstraie, qu'on juge, qu'on raisonne, le résultat n'est jamais qu'un rapport : toute connaissance n'est donc que relative, jamais absolue. Mais c'est précisément parce que nos connaissances sont relatives, qu'elles forment dans l'entendement un tout complet, un système bien lié, dont toutes les parties doivent être d'accord, puisqu'elles ne se réunissent que par les mêmes opérations : et effectivement, quand nous acquérons une nouvelle connaissance, une nouvelle idée, nous la rangeons dans une des classes déjà faites. Il y a plus : lorsque quelque grande découverte fait révolution dans une science, cette révolution ne consiste pas à changer les idées, mais à leur donner un autre ordre, une autre classification, à les voir sous d'autres rapports. C'est la raison pour laquelle les opinions ou les théories nouvelles ont tant de peine à s'établir, sur-tout chez ceux qui, dans l'acquisition de leurs connaissances, n'ont pas été guidés par des méthodes philosophiques et ont plutôt reçu leurs idées qu'ils ne les ont formées : c'est plus encore l'habitude que l'opiniâtreté, qui les attache à un certain ordre auquel ils ne peuvent que très-difficilement en substituer un autre.

Si toute connaissance n'est qu'une abstraction, et si toute science n'est qu'un enchaînement de rapports apperçus entre nos abstractions, il suivra de-là que l'homme n'apperçoit jamais que sa propre pensée, que les sciences ne sont que l'histoire des ses idées et de ses opérations : et ce n'est qu'à cause de cela qu'il peut y avoir de la certitude dans le savoir humain ; certitude qui n'est point celle de ce que les choses sont en elles-mêmes, mais celle de la manière dont l'esprit les conçoit. De-là les règles qu'il se fait dans la suite pour vérifier ou pour diriger ses opérations.

N o t e 32.e

Nous devons nos premières idées, nos perceptions, à l'attention donnée aux impressions faites par les objets sur les sens; nous devons nos premières abstractions, à des ressemblances frappantes entre nos perceptions : ces opérations sont assez faciles. Mais lorsque par ce moyen, l'entendement se trouve pourvu d'un assez grand nombre d'idées, le nouveau travail qu'il a à faire sur elles exige plus d'efforts. En effet, pour mettre de l'ordre dans ses idées, il faut qu'il les examine, qu'il les compare, qu'il saisisse leurs rapports : là commence la réflexion. Elle consiste, non seulement à comparer des idées entr'elles, mais encore à rapprocher des vérités trouvées par le jugement, pour en tirer une conséquence ou une vérité qui n'est apperçue que par la liaison qu'elle a avec d'autres. La réflexion ne s'arrête pas là : lorsqu'elle a découvert par le jugement et le raisonnement toutes les vérités qui appartiennent à un même objet, elle met entre toutes ces idées un ordre qui les présente liées par une chaîne de rapports qui en fait un tout régulier et complet, une science, c'est-à-dire, l'ensemble de toutes les opérations régulières et suivies que l'esprit humain a faites sur une partie des connaissances.

C'est donc par l'abstraction et la réflexion, que le système intellectuel s'étend et se perfectionne ; ces deux formes des opérations de l'esprit sont les sources les plus fécondes de nos connaissances ; c'est par elles que se font toutes les combinaisons possibles de nos idées, leurs compositions et leurs décompositions.

Maintenant, on peut voir comment la sensation n'est pour rien dans les opérations de la pensée, quoiqu'elle en ait fourni l'occasion, la matière, les élémens : on apperçoit la ligne qui sépare le domaine des deux facultés ; c'est la perception qui tient à l'un et à l'autre. Les abstractions faites

d'après

d'après des perceptions semblables, ne sont pas des sensations; bien moins encore les rapports apper çus entre deux idées abstraites, ou ceux que la réflexion découvre entre deux jugemens ou entre toutes les parties d'une science.

Il faut encore observer que la faculté de penser une fois développée s'exerce continuellement et modifie la faculté de sentir au point qu'il est très-difficile de distinguer la sensation de la pensée. En effet, lorsque nous sommes accoutumés aux opé-rations de l'esprit, dans toutes les sensations qui nous arrivent, nous saisissons les rapports que chaque perception peut avoir avec les idées abstraites que nous avons déjà; nous agissons en conséquence de nos jugemens et de nos raisonnemens; enfin nous pensons réellement, quand nous ne croyons que sentir. Ce mélange continuel des opérations des deux facultés, rend l'analyse de l'entendement humain extrêmement difficile; et quoiqu'on voye assez clairement que l'une est distinguée de l'autre, on se trouve embarrassé, quand on veut expliquer précisément en quoi consiste la sensation telle qu'elle serait dans un être qui n'aurait pas la faculté de penser.

Note 33.e

Quand on a bien conçu la génération des idées, la mémoire n'a rien qui ne s'explique aisément. Notre connaissance, comme nous l'avons vu, commence par un objet, par une idée qui nous frappe, que nous remarquons plus qu'une autre. Notre connaissance s'étend, parce qu'à cette première idée nous en attachons une autre par les rapports qu'elle a avec elle ; à cette seconde une troisième, et ainsi de suite. La chaîne de la mémoire se forme donc, s'étend, se fortifie, se divise, comme les opérations que nous avons faites pour connaître.

Dans le nombre de nos idées et de nos opérations, il en est auxquelles nous n'avons donné qu'une attention légère ; d'autres que nous n'avons pas eu l'occasion de répéter ; d'autres enfin que nous n'avons pas liées dans un ordre naturel et facile ou auxquelles nous avons donné dans la suite un autre arrangement. La mémoire n'a pu retenir les unes ; elle ne représente les autres que confusément.

Au contraire, les idées dont nous aurons été occupés souvent et fortement, celles que nous aurons attentivement analysées et que nous aurons rangées dans un ordre exact, se reproduiront facilement, nettement, et amèneront avec elles toutes celles qui en dépendent.

Il n'y a que l'ordre et l'habitude, qui puissent assurer l'exercice de la mémoire ; parce qu'il n'y a que l'ordre et l'habitude, qui conduisent à des opérations exactes, à de vraies connaissances. Pour mieux faire sentir cette vérité, voyons ce qui se passe chez deux hommes dont l'un a étudié une science en observant avec attention l'ordre des idées, en analysant avec exactitude, en enchainant les vérités et les propositions; et dont l'autre s'est contenté de notions superficielles et n'a vu les propositions qu'isolées. Il est certain que tous deux pourraient avoir à-peu-près la même somme d'idées; mais elles sont distinctes chez le premier, le second n'en a que de confuses; l'un peut sans efforts se représenter toutes les opérations qu'il a faites, appercevoir l'ensemble de la science par la liaison de toutes ses parties, descendre dans tous les détails, sans crainte de s'égarer; l'autre au contraire, arrêté à chaque pas, trouve dans sa mémoire la même confusion, la même incohérence qui a accompagné son premier travail.

Il ne faut pas croire que la mémoire consiste simplement à représenter les idées et toutes les parties d'un travail, précisément dans le même ordre qu'elles ont eu autrefois. Souvent la mémoire ne fournit que le fond, les idées principales, les divisions méthodiques : par exemple, celui qui est chargé de parler sur un sujet, commence par examiner ce sujet; il l'étudie, il l'analyse, il en saisit les principaux points de vue. Ce canevas ainsi préparé ne renferme que des idées fondamentales, mais auxquelles l'orateur, au moment de l'action, donnera tous les développemens nécessaires, quoiqu'il ne les ait pas expressément marqués dans le plan général qu'il s'était tracé. Dans ces compositions improvisées, dont la facilité et l'exactitude étonnent ceux qui n'ont jamais réflechi sur la force prodigieuse de l'ordre et de l'habitude, il n'y a également que le jeu de la mémoire, mais d'une mémoire exercée et brisée dans tous les sens; et certainement cette facilité n'est jamais le partage que de ceux qui connaissent exactement la chose sur laquelle ils parlent, qui de plus se sont exercés à en voir toutes les idées sous un très-grand nombre de rapports, et qui à cette étude profonde joignent encore la connaissance parfaite de la langue qui leur fournit à point nommé l'expression juste ou heureuse dont ils ont besoin. Le contraire arrive à ceux dont l'esprit n'est pas encore assez plié à la méthode, ou qui ne se sont pas habitués à un assez grand nombre de combinaisons des mêmes idées, ou qui n'ont pas de la langue un usage assez familier pour que l'expression suive sans peine la marche de l'esprit. Par exemple, les jeunes gens éprouvent dans les commencemens une assez grande difficulté pour ranger leurs idées selon l'ordre d'une science ; ensuite, lorsqu'à force d'attention et d'exercice ils sont parvenus à cette liaison, pour peu que la question qu'on leur propose s'écarte de l'ordre et des mots sous lesquels ils sont accoutumés à l'appercevoir, il est rare que cette combinaison nouvelle ne les embarrasse ; enfin, l'attention qu'ils sont obligés de donner à l'expression les détournant de celle qu'ils doivent donner à la chaîne des idées, ils paraissent souvent ignorer ce qu'ils savent le mieux. Voilà pourquoi, chez eux, la suite des idées a besoin d'être appuyée sur un certain arrangement de mots dont les combinaisons et les finales présentent quelque chose de plus mécanique et de plus sensible.

La mémoire n'est parfaite, que lorsqu'elle représente avec facilité, et dans l'ordre le plus exact, les séries d'idées et d'opérations liées aux séries d'expressions auxquelles on les a attachées : elle suppose dans l'esprit la plus grande justesse et la culture la plus soignée. Après celle-là, vient la mémoire de jugement, moins brillante que la première, mais aussi sûre dans ses opérations. Quant à la mémoire de mots, à peine en mérite-t-elle le nom ; elle n'est qu'une routine dangereuse, lorsqu'on la sépare de la mémoire des idées.

D'après ces réflexions sur la mémoire, il est assez inutile de demander où sont ces idées que l'esprit retrouve avec tant de facilité ; et ce qu'elles deviennent, lorsqu'il ne s'en occupe plus. Il serait également inutile de réfuter ceux qui comparent la mémoire à un dépôt où toutes les idées sont comme en réserve, ou à des tablettes sur lesquelles les impressions se gravent plus ou moins profondément, s'effacent et disparaissent à moins que les mêmes impressions ne rafraîchissent les traces premières. Les idées que la mémoire nous représente, ne sont nulle part ; elles n'existent pour l'esprit qu'au moment même et qu'aussi long-tems qu'il s'en occupe : elles n'existaient certainement pas pour lui avant sa première opération ; elles n'existent pas plus après ; seulement il a plus de facilité pour l'opération qui les lui présente de nouveau ; il fait plus promptement et plus exactement les analyses qu'il n'avait d'abord faites qu'imparfaitement et avec peine. Il ne faut pas s'étonner, s'il contracte si facilement l'habitude de ces opérations ; il a à chaque instant l'occasion de les répéter ; sans compter les sensations, les mots des langues suffiraient, sur-tout ceux des sciences, dont un seul exprime souvent une idée complexe dont l'analyse va rappeler toutes celles qui ont servi à la former. Qu'on prononce les mots *législation*, *physique*, *grammaire générale* devant quelqu'un qui se soit appliqué à ces différentes études ; et à l'instant son esprit va parcourir toutes les séries qui se rapportent à chacune de ces sciences.

Note 34.[e]

Le sens de ce mot *imagination* est très-étendu : il faut en fixer les diverses acceptions.

Quand par l'analyse que les sens font d'un objet présent, l'esprit retient et compose l'image de cet objet, l'opération qu'il fait pour réunir en un tout les perceptions de chaque partie, peut déjà s'appeler imagination ; et c'est là, si l'on veut, son premier degré.

Lorsque, par le moyen des idées abstraites et de la mémoire, on se rappele les images et les objets qu'on a vus, ou qu'on les conçoit par des descriptions ; c'est encore là une sorte d'imagination par laquelle les objets sont représentés et figurés à l'esprit, mais dans un ordre semblable à celui qu'ils auraient d'après une sensation : c'est de cette manière que l'histoire nous rend présens les tems et les événemens passés ; que les descriptions des lieux, des villes, des pays, des hommes, nous en donnent l'image. La description se compose d'idées partielles que nous connaissons et leur réunion fait une image, un tableau à-peu-près semblable à celui que nous aurions eu par la vue des objets. Cette habitude d'imaginer est cause que l'esprit feint et se représente des situations, des positions; qu'il donne aux personnages certains traits, certains caractères, quand il n'y en a point d'indiqués; il éprouve encore plus le besoin de rapporter ses idées nouvelles à des abstractions, que de les appuyer sur des choses sensibles. L'exemple suivant peut en être la preuve. Un peintre habile qui a examiné attentivement quelqu'un, peut en faire un portrait absolument ressemblant. Par quel moyen croit-on qu'il ait pu en retenir les traits ? L'artiste habile, par l'étude et l'exercice de son art, s'est formé l'idée abstraite des proportions exactes; ce modèle idéal qui lui est présent, est le terme de comparaison qui lui sert à fixer dans son esprit l'image de celui qu'il veut peindre. Par-là il voit les ressemblances et les différences entre les traits propres à l'individu, et ceux du modèle régulier auquel il le compare. C'est de cette comparaison que résulte l'image qui n'est ressemblante dans la peinture, que parce qu'elle a été exacte dans l'esprit; et elle n'est exacte dans l'esprit, que par l'analyse et l'examen détaillé des parties rapportées et comparées à celles du modèle idéal.

Il y a une autre sorte d'imagination dans laquelle les sens entrent ou paraissent entrer pour beaucoup; c'est lorsqu'on croit voir, entendre, et qu'on est affecté de la même manière qu'on le serait, si l'on avait de vraies sensations; ces effets qu'on attribue à l'imagination frappée ou exaltée, n'ont lieu que quand l'esprit est fortement préoccupé d'une idée, ou l'ame agitée par quelque violente passion : on peut les expliquer de deux manières ; ou par des impressions trop fortes qui auront été faites sur l'organisation, et ce dérangement dans les organes de la sensibilité peut être entretenu par les affections morales qu'il a causées; ou par la propension de l'esprit à attribuer à des objets réels et sensibles, les images qui ne sont que des représentations intellectuelles. Comme cette sorte d'imagination est plutôt une erreur et un écart de l'esprit, nous n'en parlons ici que pour empêcher qu'on ne la confonde avec la véritable imagination.

Enfin l'imagination se trouve portée au dernier

degré lorsque l'esprit, embrassant une multitude d'idées et de connaissances, saisit entr'elles des rapports neufs, justes, variés, étendus ; c'est, sous un autre nom, le *génie* qui, dans les beaux-arts, enfante ces conceptions grandes, sublimes, fortes ou touchantes, tendres, gracieuses ou légè-res ; qui, dans les sciences, liant quelques faits isolés, en tire ces combinaisons vastes et hardies, ces systèmes étonnans qui nous découvrent les lois et l'ensemble de l'univers, dans l'observation de quelques-unes de ses parties. Le génie suppose la réunion de tant de qualités, de tant de connais-sances, un exercice des facultés intellectuelles si prompt, si assuré ; le concours de tant de cir-constances propres à le développer, à l'enflam-mer, qu'il n'est pas étonnant que bien peu d'hommes en aient paru doués, et qu'on en ait fait honneur à la seule nature, en le regardant comme une sorte d'instinct qui malgré nous et à notre insçu nous pousse vers les grandes choses. Mais l'homme qui réfléchit sur la marche de l'esprit humain, qui sait ce que les passions fortes, gran-des et généreuses peuvent lui communiquer d'ac-tivité, de constance et d'énergie, celui-là ne pren-dra pas le génie pour un effet du hasard ou pour un don heureux de la nature, mais pour l'assem-blage de qualités qui se trouvent rarement unies, d'une ame forte et vigoureuse, d'un esprit juste et étendu.

En parcourant ainsi toutes les opérations qui

appartiennent à la pensée, on voit qu'elles se tiennent par les rapports les plus étroits, qu'elles naissent l'une de l'autre, qu'elles se rectifient réciproquement, et que la perfection de l'entendement dépend de l'ensemble et de l'accord de toutes les parties. On voit également qu'une seule et même faculté suffit à tout ce travail ; qu'elle agit par le même moyen, par cette attention qui n'est que la faculté elle-même appliquée à la perception, à deux idées pour en connaître le rapport, à deux jugemens pour en tirer une conséquence, à la totalité d'une science pour en saisir l'ensemble et la chaîne. Enfin, on voit que ce travail si étonnant par ses résultats, si faible dans son origine, si lent dans ses progrès, est l'effet de l'exercice, de l'habitude, sur-tout de l'analyse qui ne devient si exacte et si facile qu'au moyen des signes.

NOTE 35.e

L'opinion des idées innées a été admise et rejetée tour-à-tour ; elle a régné dans l'école, aussi long-tems que la philosophie de Descartes. Locke, dans ses recherches sur l'entendement, assigna aux idées une autre origine ; Leibnitz, de son côté, essaya de combattre Locke et proposa un système qui, sans être précisément celui des idées innées, n'en était cependant pas bien différent. on s'est partagé long-tems, entre ces deux hommes célèbres, jusqu'à ce que les progrès de l'esprit dans les autres sciences , ont enfin amené dans la métaphysique les mêmes changemens et les mêmes lumières.

On commençait à oublier les idées innées , lorsqu'on les a tout-à-coup reproduites sous une forme nouvelle , et il faut en convenir, beaucoup plus philosophique. Nous renvoyons à la fin des notes sur la méthode, l'exposé et la discussion de cette doctrine. Nous observerons seulement ici que la question des idées innées , décidée affirmativement ou négativement , est absolument indifférente à notre analyse de l'entendement : le commencement , les progrès et les règles des opérations de l'esprit, sont toujours les mêmes , soit que nous tirions de la sensation les élémens de la pensée ; soit que nous ayons en nous-mêmes ces élémens qui , pour nous apparaître clairement , n'auraient besoin que d'être excités par les impressions sensibles.

N o t e 36.^e

Les divisions ne sont utiles , que quand elles mettent dans les matières un ordre qui les rend plus faciles à traiter. C'est pour cela que nous rangeons sous la dénomination générale d'idées simples , tout ce qui sort immédiatement de la sensation , les affections qui nous sont connues par les sentimens de plaisir ou de douleur, et les images qui sont des représentations d'objets hors de nous : ces premières connaissances ont un caractère tellement propre qu'il est impossible de

les confondre avec celles qui sont l'effet des opérations de l'esprit. Nous donnons le nom d'idées
composées ou intellectuelles, 1.º aux idées abstraites de qualités ou de modifications communes,
comme *blancheur*, *dureté*, etc. 2.º aux idées collec-
tives qui divisent en classes subordonnées les idées
abstraites, *individu*, *homme*, *animal*, *corps*, *être*;
3.º aux idées complexes formées par réflexion et
par une abstraction plus générale, *Dieu*, *esprit*,
étendue, *espace*, *durée*, etc. Toutes ces idées sont
composées ou faites par l'esprit, les unes par l'observation des qualités ou impressions semblables
fournies par les perceptions, les autres par réflexion de l'esprit sur ses propres opérations ou
sur des rapports apperçus au moyen du jugement
et du raisonnement.

Quant à la division des idées adoptées par Locke,
ce qu'elle peut avoir d'utile se retrouve dans celle
que nous avons préférée.

NOTE 37.ᵉ

Toute science a son objet propre, ses idées,
sa langue, sa partie métaphysique. Depuis quelque tems sur-tout, on a bien mieux senti la
nécessité de circonscrire le domaine et l'étendue
de chaque science, d'analyser exactement les idées
qui lui appartiennent, d'adapter à ces idées les
signes les plus propres à les rendre distinctes. On
a porté sur toutes les branches des connaissances

le flambeau de la philosophie, on a reconnu les erreurs, les incertitudes, les inutilités ; on a donné moins d'importance aux recherches qui n'étaient que curieuses, on s'est attaché de préférence à celles qui offraient un but utile. C'est de cette manière que la physique s'appuyant sur les faits et l'expérience, a formé une doctrine liée et satisfaisante, au lieu de cet assemblage bizarre de systêmes qu'on donnait pour les lois de la nature et qui n'était que le rêve de l'imagination. C'est par un procédé semblable que la chimie, livrée si long-tems à un travail mécanique, au charlatanisme, à des spéculations chimériques, a pris enfin une forme régulière, une marche philosophique et qu'elle s'avance d'un pas égal, avec la physique, dans le chemin des grandes découvertes.

Mais de toutes les sciences, il n'en était aucune où la réforme fût plus difficile, et cependant plus nécessaire, que dans cette partie de la métaphysique qui traite de l'origine, des progrès et des règles de la connaissance humaine. Les erreurs transmises d'âge en âge étaient devenues respectables à force d'antiquité ; et la partie de l'instruction destinée à former et à éclairer le jugement, le subjuguait par la force de l'autorité, ou l'égarait dans les détours obscurs d'une dialectique capticuse. L'esprit accoutumé à cette méthode vicieuse, la portait dans les autres sciences : on y disputait subtilement sur des mots ; on élevait, on renversait des systèmes, et on ne faisait pas un pas vers la vérité. Si-tôt qu'on eût substitué l'analyse exacte des idées à cette forme puérile d'argumentation, l'observation attentive des facultés intellectuelles aux règles bizarres par lesquelles on voulait les conduire, l'ordre, la précision, la clarté se répandirent sur la philosophie élémentaire ; on vit distinctement son but et ses moyens, et son utilité devint évidente par les secours qu'elle prêta pour l'étude des autres sciences dont elle est en quelque sorte la régulatrice. Il est arrivé de là que beaucoup de questions dont on s'occupait sérieusement, sont retombées dans l'oubli ; que quelques-unes sur lesquelles on disputait depuis des siècles, ont enfin eu des solutions satisfaisantes ; tandis que d'autres sur lesquelles on prononçait avec assurance, ont été mises hors de la compétence de la raison humaine. Ces heureux changemens, dont on ne peut contester les avantages pour les autres sciences, ont paru à quelques-uns, être, pour la métaphysique, des innovations dangereuses : elle n'est plus cette science sublime qui pénétrait dans la nature des choses, qui transportait l'imagination dans un monde intellectuel, qui dévoilait les secrets du créateur, ses fins, ses moyens pour l'ordre et la conservation de l'univers ; ce n'est plus, disent-ils, qu'une doctrine sèche, vulgaire et à la portée de tous, et toujours appuyée sur le sensible. On répond à cela que la clarté et la simplicité d'une doctrine ne sont certainement pas une preuve de sa fausseté ; que la partie de nos connaissances qui sert d'introduction à

toutes les autres, ne peut jamais être trop élémentaire ; que, la nature ayant attaché le développement des facultés intellectuelles à celui des
facultés sensibles, il n'est pas possible de ne pas
examiner en quoi celles-ci y contribuent ; qu'enfin, si l'ancienne métaphysique, dans ses systêmes, a fait des fictions ingénieuses, hardies, et
en quelque sorte le roman de l'esprit humain, la
nouvelle, plus modeste, se contente d'en donner
l'histoire, et qu'elle ne se permet d'autres asser-
tions que celles qui sortent de l'exposition et de
l'enchaînement des faits relatifs à l'entendement.
Cette manière a quelque chose de moins brillant
que l'autre, on en convient ; mais quand il s'agit
de vérité et d'exactitude, la méthode qui instruit
est préférable à celle qui flatterait davantage.

Dans la foule des idées abstraites dont l'analyse
peut offrir des difficultés, nous avons précisément
choisi celles qui sont le plus éloignées des idées
sensibles et qui n'en dérivent que par une longue
suite d'abstractions et de rapports que la réflexion
a combinés de mille manières. L'analyse que nous
essayons sur ces idées, est un exemple de celle
qu'on peut faire sur toutes les autres; elle servira
sur-tout à fixer l'état de plusieurs questions sur
lesquelles on n'a jamais été d'accord, parce qu'on
rapportait aux choses réelles et en soi, ce qui
ne convient qu'à nos idées, à notre manière de
voir.

1.º On appele être, tout ce qui est réel, composé et sensible , comme les corps; simple et inaccessible aux sens , comme les esprits. L'existence est l'attribut commun et le plus général sous lequel l'esprit puisse concevoir; et quand une fois cette idée est formée, elle se glisse nécessairement sous toutes nos idées, dans toutes nos opérations.

L'existence individuelle, propre à chaque être, est une existence réelle, absolue; au contraire, notre idée d'existence est commune et relative. Elle est commune, parce que l'esprit l'attache à tout ce qu'il saisit soit par les sens, soit par la pensée ; et que ses sensations, ses idées, ses jugemens étant ses modifications, il se conçoit existant avec elles ou elles existant en lui. Elle est relative, parce que l'ame ne sentirait pas son existence et que l'esprit n'en formerait pas l'idée, indépendamment des objets dont les impressions fournissent l'occasion de la sensation et la matière de la pensée. Ainsi, le *sens intime* qui est inséparable des affections actuelles de l'ame, est dans les commencemens aussi vague et aussi confus que les sensations; il devient plus net et plus distinct, à mesure que l'ame instruite par l'expérience et l'habitude de ses sensations, s'accoutume à distinguer son existence propre et permanente, de ces modifications accidentelles et passagères que lui donnent les objets; enfin il devient pour l'esprit une règle sûre, un motif infaillible de jugement, lorsque, les opérations de la pensée étant déjà

bien

bien établies, on veut voir sur quoi elles sont fondées et si elles ont toute la justesse qui peut satisfaire l'esprit : c'est alors qu'on les divise, qu'on attribue les unes au sens intime, les autres aux sens extérieurs, d'autres enfin à l'évidence.

On voit par là que nous ne prononçons rien sur l'existence réelle et absolue des êtres, sur leurs qualités propres, sur ce qu'ils sont en euxmêmes ; nous ne voyons et nous ne pouvons voir que la manière dont nous sommes affectés et modifiés, et nous connaissons seulement ce que nous éprouvons à leur occasion : *le marbre est dur, le feu est ardent, le soleil est lumineux; dureté, ardeur, lumière* sont dans les sensations que j'éprouve et n'ont pour moi qu'une existence relative. Mais ces qualités existent-elles dans les objets ? C'est une autre question à laquelle on doit peut-être se contenter de répondre : il y a dans les objets quelque chose qui est propre à produire sur nous des impressions.

2.° Les idées de *substance* et *modifications* se font par une abstraction très-facile. Mais il n'en est pas de même de l'idée de *matière*, mot qui a causé en philosophie tant de disputes inutiles, et sur lequel on a bâti les systèmes les plus absurdes. La matière est-elle quelque chose de réel ? Est - elle différente des corps ? Est - elle simple ou étendue ? Est - elle éternelle ou créée ? Quelle est sa propriété essentielle ? Voilà les questions principales qu'il faudrait résoudre, et pour lesquelles il est aisé de voir qu'on n'a aucune donnée suffisante. Cependant, on tranche tout d'un coup ces grandes questions, lorsqu'on admet une matière réelle et pré-existante aux corps ; on lui attribue l'éternité, l'activité, le mouvement, l'ordre, des lois constantes ; et on ne s'apperçoit pas qu'on en fait un être bien plus incompréhensible pour la raison, que ne le serait une cause première, dont l'ensemble et la régularité de l'univers atteste l'existence et l'intelligence. Voilà un exemple de l'abus des abstractions et de la vanité des systèmes élevés sur elles. En voici un autre de résultats avoués par la raison et qui sortent également des abstractions. J'observe les corps, leurs qualités, leurs propriétés ou modifications ; de ces observations résultent pour moi des faits particuliers ; ces faits particuliers liés par des relations de causes et d'effets, me donnent des lois, c'est-à-dire, des manières uniformes et constantes dont les corps agissent : ces lois observées dans des cas particuliers et déterminés, se généralisent, se confirment, se rectifient par de nouvelles observations, s'étendent par le raisonnement et les analogies. Ici, la marche des abstractions est naturelle et exacte ; on a comparé des faits semblables ; quelques lois particulières ont été rapportées à une loi commune, celles-ci à de plus générales encore. Ce n'est pas là un système qui veut expliquer l'origine et l'essence même des choses ; c'est un corps de science, l'histoire et l'exposition de nos idées et de nos connaissances, exposition valable pour nous, mais qui est encore bien loin de la connaissance totale et absolue de cette grande nature dont nous n'appercevons que quelques détails, sans espérance d'en jamais saisir l'ensemble.

3.° On ne peut considérer ici l'essence que par rapport à nos idées abstraites; c'est ce qu'on appele essence nominale, par opposition à l'essence réelle qui ne peut jamais être l'objet de la connaissance humaine. Cette essence nominale se compose de ce qu'on a nommé en logique les attributs primaires, autrement, le genre prochain et la différence prochaine. Ce sont ces attributs primaires ou constitutifs qui doivent entrer dans les définitions; et une définition ne peut être que l'analyse d'une idée complexe. Ainsi, quand on définit l'*homme* un *animal raisonnable*, ces deux idées sont les deux attributs sous lesquels on conçoit et dont on a formé l'idée complexe d'*homme*. L'idée *animal* est le genre prochain ou le caractère commun par lequel l'homme tient à la classe générale des animaux dans laquelle il est contenu comme espèce ; l'idée *raisonnable* est la différence prochaine ou le caractère propre par lequel il est distingué de toutes les autres espèces qui, comme lui, sont animées, vivantes et sensibles. Les définitions, comme on voit, ne sont fondées que sur des classifications; elles ne peuvent donc présenter l'essence réelle de la chose, mais seulement la manière dont nous avons formé l'idée que nous en avons.

Il y a entre les idées d'existence, de substance et modifications, et d'essence, des rapports assez marqués qui indiquent que ces idées ne sont que des points de vue de notre esprit qui voit diversement le même objet. Car ce même objet a l'existence, il renferme substance et modifications, et il a son essence. Son existence n'est que la substance revêtue de modifications, et son essence n'est que l'existence déterminée à cette manière d'être. Ces idées sont communes aux êtres réels et physiques, et aux êtres intellectuels et abstraits.

4.º Les idées d'étendue et d'espace ne sont applicables qu'aux corps, et disparaissent avec eux. L'étendue réelle des corps est la disposition des parties selon différentes directions que l'abstraction a réduites aux trois dimensions générales. De-là l'étendue relative, ou les dimensions d'un corps comparées à celles d'un autre corps.

L'espace réel n'est pas distingué de l'ensemble et de la totalité des corps, de ce qu'on appele nature, univers; et quand nous étendons au-delà de ces limites notre espace imaginaire, ce n'est qu'à l'aide de l'idée d'étendue abstraite fournie par l'étendue réelle.

Ainsi quand, pour prouver que l'idée d'espace

est antérieure à celles de corps et d'étendue, et qu'elle en est indépendante, on dit qu'on peut concevoir l'espace sans corps, cela est vrai dans un sens et faux dans un autre. Si l'on veut dire que, par abstraction, nous concevons un espace au-delà du réel et où il n'y ait pas de corps, cela est vrai, mais ne prouve rien; car nous faisons de la même manière une foule d'abstractions qui se soutiennent ensuite comme d'elles-mêmes, sans le secours des idées ou des objets qui nous les ont données : ainsi, point de difficulté à concevoir l'espace, même réel, sans corps. Mais si l'on veut conclure de là que, parce que nous le concevons maintenant sans corps, nous n'en devons pas la première idée aux corps, la conséquence n'est plus juste : elle ne l'est pas plus à l'égard de l'espace, qu'elle ne le serait à l'égard de toute autre idée. Nous dirons donc avec plus de vérité et avec plus de justesse, que la possibilité de concevoir l'espace imaginaire vient de ce que nous avons conçu l'espace réel, tout comme l'étendue abstraite se construit sur l'étendue réelle.

5.° Ce sont les opérations de notre esprit et nos sensations, qui nous font remarquer notre existence; et cette existence correspond à des opérations successives qui nous servent à la diviser en autant de parties qu'il y a d'idées ou d'opérations faites par l'esprit. Notre durée réelle est donc composée de la chaîne de nos sensations, de nos opérations rangées dans l'ordre selon lequel elles se sont suivies. Nous présumons par la pensée, pour l'avenir, une succession semblable à celle dont la mémoire nous rappele l'idée; de-là les trois époques ou divisions du tems, considérées par rapport à la durée des êtres qui peuvent le mesurer. La chaîne du passé et celle du futur se prolongent à l'infini, précisément comme nous avons étendu l'espace, par la possibilité de concevoir des successions semblables à celles que nous avons observées dans nos propres opérations. Cette idée d'infini, qui s'applique aussi à l'étendue, à l'espace et aux nombres, passe les bornes du sensible et ne se soutient que par la plus difficile des abstractions: nous ne la concevons que comme l'impossibilité d'assigner un terme, une limite.

6.° L'idée de *dieu* peut être envisagée sous deux aspects; ou comme idée morale, ou comme idée métaphysique. Comme idée morale et religieuse, elle tient si intimement à celles d'ordre, de justice, de vertu, qu'en la supprimant, vous ôtez l'appui le plus solide des associations humaines. Et c'est ici une chose qu'il faut remarquer: nos idées, en morale, n'ont pas une vérité indépendante et absolue: elles ne naissent pas de quelques considérations détachées, comme les idées purement spéculatives; (on pourrait, par exemple, en mathématiques ou en physique, établir des théories qui fussent indépendantes les unes des autres.) Elles forment un ensemble qui ne se soutient que par cette grande idée morale de *dieu*, qui en lie toutes les parties.

Au contraire l'idée métaphysique de *dieu* se présente uniquement comme cause première, sous un point de vue abstrait; c'est cette idée de cause première que nous décomposons, lorsqu'en métaphysique nous démontrons l'existence de dieu et tous ses attributs. Et nous pouvons effectivement démontrer ces vérités; puisque démontrer, c'est faire voir clairement qu'une idée complexe renferme les autres idées que nous en tirons par l'analyse et le raisonnement. Si un philosophe moderne eut fait cette distinction, il n'aurait pas trouvé si extraordinaire qu'on ait cru pouvoir prouver l'existence de dieu.

Je terminerai ces observations sur les idées abstraites, par une réflexion qui fera encore mieux sentir la nécessité de ce travail. Notre entendement n'est parfait, notre connaissance n'est entière, que quand nos idées bien d'accord et assorties entr'elles, présentent distinctement à l'esprit ses opérations : alors seulement il a la conscience, la certitude de la bonté, de la précision de son ouvrage. Au contraire, tant qu'il voit ses idées isolées, sans les assujettir et les rappeler à des formes communes et exactes, elles restent éparses dans l'entendement; sans rapports, sans liaison, elles ne forment pas cette unité de concèption qui seule est la vraie connaissance. En général, ce n'est pas faute d'idées, qu'on avance si peu dans les sciences ; c'est bien plutôt parce qu'on ne sait pas les travailler, les assortir, les distribuer de manière qu'elles se précisent et s'éclairent mutuellement.

NOTE 38.^e

La nature et l'art ; deux choses qu'il faut toujours accorder ; qui s'aident mutuellement, quand on sait en faire un juste mélange ; qui se contrarient et se nuisent, dès qu'elles ne sont plus en harmonie.

C'est sur-tout dans la première instruction, qu'il faut les faire concourir adroitement au même but.

La nature, par l'exercice des sens, par l'expérience et l'habitude, nous suggère les premières opérations. Mais ces développemens ne sont pas seulement lents et insensibles ; ils seraient perdus et inutiles pour l'entendement, sans la communication des idées par le moyen des langues. C'est ici que l'art doit venir au secours de la nature, non pour la détruire ou la forcer ; mais pour la suivre et l'aider dans ses progrès. On y réussira, si l'on observe la progression naturelle des idées, et si l'on proportionne l'emploi des mots ou signes au développement des idées.

Premièrement, les idées dans leur développement, ont une gradation marquée, un ordre

constant qu'il est impossible d'intervertir; et qu'il
serait même dangereux de changer, quand la nature n'y résisterait pas invinciblement. Quelques
efforts qu'on fasse, jamais on ne donnera à un
enfant que les idées qu'il pourra faire lui-même,
et elles seront toutes physiques et sensibles, telles
que les objets les présentent. Des abstractions faciles, des classifications simples et naturelles viennent ensuite d'elles-mêmes, parce que l'occasion
de comparer se renouvelle à chaque instant : ces
opérations se feront d'autant mieux et plus vîte,
que l'attention sera excitée et soutenue par un
besoin, un intérêt actuel de plaisir et de curiosité ; et il est de fait qu'il n'y a que ces motifs
qui alors puissent mettre en mouvement les facultés. Il n'est pas moins certain que l'esprit s'exerce
autant sur ce petit nombre d'idées et d'abstractions faciles, qu'il doit s'exercer un jour sur des
idées plus compliquées et plus générales. Qu'on
suive avec attention les petites opérations des enfans, on sera étonné de leur justesse. Dans ce
premier âge de la vie, l'essentiel n'est pas qu'on
ait beaucoup d'idées, mais que les opérations se
fassent bien ; et elles ne se font bien qu'autant
qu'on les répète souvent sur les mêmes objets :
alors elles s'établissent dans l'esprit et y prennent
la consistance de l'habitude. Qu'ensuite on étende
progressivement la sphère des idées, pourvu qu'on
ménage adroitement le passage des unes aux autres, l'esprit les rattache facilement à celles qu'il
a déjà ; il les assujettit au même ordre, aux

mêmes opérations, et il avancera aussi rapidement dans ces nouvelles connaissances, qu'il aura mis de lenteur dans l'acquisition des premières.

Malheureusement, on suit une méthode toute contraire : on croit qu'on ne peut jamais donner trop d'idées aux enfans, ni trop-tôt ; on s'empare de leur esprit et on le plie à la routine ; on charge la mémoire de mots, et on croit qu'on a donné des idées ; des années précieuses se perdent dans un travail ingrat et pénible dont il ne reste le plus souvent que des connaissances vagues et superficielles, un jugement faux, avec la suffisance et l'opiniâtreté qui en sont la suite.

En second lieu, comme l'instruction ou la communication des idées ne peut se faire que par le moyen des signes ou des langues, la connaissance des mots doit être assujettie à une certaine gradation ; et c'est encore la nature qui l'indique. En effet, les mots des langues qu'on apprend les premiers et qu'on retient plus facilement, sont ceux des objets sensibles qui ont plus de rapport avec nos besoins, nos goûts, et qui nous frappent ou plus souvent ou plus vivement : la raison en est simple, nous connaissons plutôt certains objets que d'autres, parce que nous avons plus d'intérêt ou plus d'occasion de les remarquer, et par-là même il nous est plus facile d'en attacher l'idée à des signes ; il doit donc s'établir très-promptement un rapport commun entre l'objet, l'idée et le

mot, de manière que l'un serve à rappeler l'autre.
Comme les premières abstractions sont encore tout
près du sensible, et en quelque sorte appuyées sur
les objets, les mots qui les expriment se retiennent presqu'aussi facilement que ceux des objets.
Ainsi, quelques noms, quelques adjectifs qui expriment des qualités physiques, quelques verbes pour
les états et les actions les plus ordinaires, les
constructions les plus simples; voilà la langue qui
convient aux premières connaissances : il serait
très-inutile de vouloir l'étendre davantage ; plus
de mots ne donneraient pas plus d'idées. Le plus
grand danger n'est pas que ces mots ne signifient
rien pour l'enfant; le grand mal, c'est que presque
toujours ils signifient pour lui toute autre chose et
que ne pouvant pas leur appliquer un vrai sens,
il leur en prête un quelconque qui se fixera dans
l'esprit : de-là une foule d'idées fausses qu'on a
dans la suite bien de la peine à rectifier.

Note 39.e

Une logique artificielle est-elle nécessaire ? Et
en cas qu'elle le soit, quel est le fondement de
ses règles et que doit-elle contenir ? Examinons
à part chacune de ces questions.

Une logique artificielle est-elle nécessaire ? Si
l'on demandait s'il peut y avoir quelques erreurs
dans les opérations de l'esprit, quelques incertitudes dans les résultats de son travail, et s'il est
nécessaire d'éviter ou de rectifier les erreurs, de

lever les doutes ou les incertitudes, de savoir bien
distinguer ce qui est certain, de ce qui ne l'est
pas ; enfin d'avancer plus rapidement dans les connaissances par le moyen de quelques règles aussi
faciles à concevoir qu'à appliquer ; la question ainsi
posée ne souffrirait pas le moindre doute. On sait
qu'il y a des erreurs dans l'esprit, que le vrai
n'est pas toujours facile à reconnaître ; on sent
que les difficultés qu'on éprouve dans l'étude des
sciences, ne viennent pas tant de ces sciences
elles-mêmes, que du défaut d'habitude à bien conduire son esprit et à raisonner ses procédés. Or, le
but de la logique artificielle est d'éclairer l'esprit
sur ses propres opérations ; de lui donner la juste
mesure de la bonté de son travail, dans l'exactitude même des moyens qu'il a employés pour le
faire : d'accélérer les progrès, en lui présentant
ses connaissances dans un ordre clair et distinct
qui sera également applicable à celles qu'il voudra
acquérir. Dans ce sens, une logique artificielle est
certainement nécessaire ; c'est-à-dire, que pour
être sûr de ses connaissances, il faut avoir la certitude qu'on a bien fait les opérations par lesquelles on les a obtenues : la plus essentielle des
sciences est donc celle qui nous découvre les procédés par lesquels les autres sciences vont sûrement et directement à leur but.

On ne manquera pas de dire que cette prétendue logique est, comme la logique naturelle, l'effet de l'habitude ; qu'elle s'établit dans l'esprit par

l'étude d'une science : qu'elle s'est trouvée aussi exacte chez ceux qui n'avaient jamais réfléchi sur les opérations intellectuelles , etc. Tout cela est vrai et ne détruit pas ce que nous avons avancé. L'étude d'une science dont les idées sont bien déterminées , les principes bien évidens , les raisonnemens bien enchaînés , les diverses parties distribuées dans un ordre bien méthodique , est une étude pratique de cette logique que nous nommons artificielle ; et c'est cette logique artificielle qui a donné aux sciences cette précision , cet ordre dans les idées et dans l'ensemble : il n'est donc pas étonnant qu'en suivant la marche d'une science rédigée conformément à toute l'exactitude logique, on contracte l'habitude de justesse et de précision dont elle fournit continuellement l'exemple. Mais , en accordant à l'habitude le pouvoir de suppléer en quelques cas aux règles de la théorie , on ne doit pas nier que les réflexions et les observations de cette dernière ne soient tout autrement propres à donner une rectitude qui ne se borne pas à telle ou telle partie , mais qui s'étend à tout ce qui peut être du ressort de la pensée.

Quel est le fondement des règles de la logique artificielle ? Il n'y en a pas d'autre que la logique naturelle , cette logique qui , amenée par des opérations simples et faciles , n'a besoin que d'être remarquée , pour donner naissance à la logique artificielle. Ainsi , de même que nos connaissances les plus simples et les plus grossières sont le fonds sur lequel nous élevons l'édifice des sciences, de même cette logique usuelle et commune peut fournir à l'observateur attentif un recueil de règles suffisantes pour le diriger dans les opérations les plus compliquées et les plus abstraites. On sent qu'une bonne analyse de l'entendement doit préparer ce travail ; et l'imperfection et la difficulté des logiques ordinaires viennent de ce qu'on donnait beaucoup plus d'attention à quelques formes de la proposition et de l'argumentation, qu'à la nature même des opérations de jugement et de raisonnement, dont la rectitude n'est pas attachée à des arrangemens artificieux et symétriques, quoiqu'ils ayent besoin d'une expression claire, juste et qui expose distinctement les parties de la pensée et les combinaisons qu'on en fait dans ces opérations.

Que doit contenir une bonne logique ? La réponse est facile : des réflexions sur les principales opérations de l'esprit. On rappele à quatre opérations générales toutes celles que l'esprit fait pour connaître : concevoir, juger, raisonner, disposer. En suivant la génération des idées, on apprend à ne s'en former que de claires et de distinctes, et à les bien classer ; en examinant la matière du jugement, on trouve les motifs qui le déterminent et les caractères par lesquels on peut reconnaître la vérité ; en établissant la chaîne du raisonnement sur le principe de comparaison, on y trouve, dans la justesse de la conséquence, quelle peut

être la vérité , ou la certitude de la conclusion ;
enfin , en considérant attentivement tous les principes et toutes les vérités qu'on en a déduites par
raisonnement, on a pperçoit qu'il est possible , et
en même tems très – utile pour l'esprit , de les
arranger et de les lier dans un ordre qui rappele
tout d'un coup les différentes opérations auxquelles
ils ont donné lieu.

Mais comme la pensée ne se forme et ne se
communique que par l'expression , la logique doit
encore considérer les idées dans leurs signes , le
jugement dans la proposition , le raisonnement
dans ses principales formes. Et c'est ici que les
anciennes logiques se trouvent en défaut : toutes
fixent uniquement l'attention sur des formes bizarres qui ne peuvent avoir d'application que dans
des exemples fabriqués exprès , et tels qu'ils ne
se rencontrent jamais dans l'usage. Envain on dirait
que cet exercice est très-utile pour l'esprit et qu'il
lui donne de la pénétration et de la subtilité :
jamais la conversion des propositions , les figures
et la réduction des syllogismes n'ont guéri les esprits
faux, et elles ont toujours été inutiles et fastidieu-
ses pour ceux qui avaient quelque justesse.

N o t e 40.^e

On s'accoutume à ne considérer le jugement ,
que dans des propositions peu importantes et qui
n'exigent que la plus légère attention pour être
conçues. Cela peut bien suffire pour indiquer l'acte

du jugement , qui consiste à appercevoir un rapport par le moyen de la comparaison ; mais cela ne donne aucune idée du travail que l'esprit doit faire pour bien établir cette comparaison , quand les idées sont très-complexes : et cependant , c'est sur-tout par rapport à cette sorte d'idées , qu'il s'agit d'établir les règles que l'esprit doit suivre. Prenons donc pour exemples , des jugemens qui exigent un examen long et difficile , une analyse exacte d'idées ou très-abstraites ou très-complexes : *Charlemagne fut-il un grand homme ? Les arts et les sciences sont-ils utiles au genre-humain ?*

Pour juger la première question , il faut concevoir distinctement l'idée de grand homme : cette idée complexe se compose de plusieurs autres , telles que la sagesse dans les conseils , l'habileté dans le gouvernement , la valeur dans les combats , la supériorité du génie , la force de l'ame , l'élévation des sentimens , la hardiesse dans les vues , la justesse dans les plans , etc. Cette idée ainsi analysée en ses idées partielles et composantes , il faut analyser les actions de Charlemagne et voir si , dans les différentes circonstances , il a eu réellement toutes ces qualités dont la réunion fait le grand homme.

Pour être en état de prononcer sur la seconde question , il est nécessaire d'examiner en détail quelle influence les arts et les sciences peuvent avoir sur l'esprit , sur les mœurs , sur la prospé-

rité

rité publique; il faut examiner quel effet leur culture et leur perfection ont produit chez les nations qui s'y sont livrées, quel fut au contraire l'état des peuples qui ne les ont pas connus; sur-tout, il faut distinguer les avantages qui leur sont propres, de l'abus qu'on peut en faire.

On voit par ces exemples, auxquels il est aisé d'en joindre d'autres tirés des différentes sciences, combien l'opération du jugement, pour être exacte et complette, suppose de réflexion; quelle attention elle exige, pour embrasser tous les rapports; quelle précision, quel discernement, pour démêler ceux qui donnent le vrai point de vue de la question. C'est pour cela même, que les autres opérations doivent être considérées comme tendant toutes au jugement, que lui seul fait la vraie connaissance, la pensée; mais seulement, quand il résulte d'une comparaison attentive et réfléchie.

NOTE 41.ᵉ

Il est difficile de parler de la proposition, sans dire quelque chose de ses formes; mais il faut tâcher que ce qu'on en dit, soit utile et sur-tout clair. Ceux qui regretteraient de ne pas voir, dans un traité de logique, assez de détails sur la proposition, trouveront dans cette note le précis de l'ancienne doctrine.

Les logiciens distinguent dans la proposition la quantité et la qualité.

La quantité se tire de l'étendue du sujet et donne les propositions universelles, particulières et singulières. Mais la proposition singulière doit être rappelée à l'universelle, comme en suivant les lois.

La qualité de la proposition est absolue ou relative.

La qualité absolue consiste dans l'affirmation ou négation, dans la vérité ou la fausseté d'une proposition considérée seule.

L'effet de l'affirmation est d'unir, d'appliquer l'attribut au sujet, comme lui convenant ; l'effet de la négation est de séparer, d'exclure l'attribut du sujet, comme ne lui convenant pas. La vérité consiste à unir ou à séparer les sujets et les attributs qui se conviennent ou qui ne se conviennent pas ; la fausseté, à unir des idées qui ne se conviennent pas, ou à séparer celles qui se conviennent.

Dans toute idée, qu'elle soit sujet ou qu'elle soit attribut, il faut remarquer l'*extension* de l'idée et sa *compréhension*. L'extension est le nombre d'individus ou d'inférieurs renfermés sous une idée : sous l'idée d'*être* est compris tout ce qui existe ; sous l'idée d'*animal*, toutes les espèces vivantes et sensibles, etc. La compréhension de l'idée est la réunion des idées partielles qui donnent la nature ou l'essence de cette idée, ses attributs constitutifs, son genre et sa différence : la com-

préhension de l'idée *homme*, c'est *animal raison-*
nable. De-là les logiciens sont partis, pour établir les six principes ou axiomes des propositions
affirmatives et négatives.

1.º Dans une proposition affirmative, l'attribut
selon toute sa compréhension, est affirmé du sujet; *Pierre est vertueux*, c'est-à-dire, que toutes
les idées partielles qui composent l'idée ou l'essence de *vertueux*, sont affirmées de *Pierre*.

2.º Dans une proposition affirmative, l'attribut
se dit du sujet selon toute l'extension du sujet;
c'est-à-dire qu'il s'applique à tous les individus
renfermés dans le sujet : *l'homme est perfectible*;
il n'y a aucun individu de l'espèce humaine, auquel la perfectibilité ne convienne.

3.º Quand l'extension de l'attribut est plus
grande que l'extension du sujet, l'attribut est dit
avec restriction et dans un sens particulier : *l'homme*
est un animal, c'est-à-dire, une des espèces animées.

4.º Dans une proposition négative, toute la
compréhension de l'attribut n'est pas niée du
sujet. *Pierre n'est pas vertueux*, c'est-à-dire, n'a
pas tous les caractères, toutes les qualités dont
la réunion fait l'homme vertueux, quoiqu'il en ait
peut-être quelques-unes.

5.º Dans une proposition négative, l'attribut
est nié du sujet selon toute l'extension de ce

sujet : *l'homme n'est jamais absolument parfait* ; la perfection absolue ne convient à aucun homme.

6.° Dans une proposition négative, l'attribut dans toute son extension est nié du sujet : *Pierre n'est pas philosophe*, *orateur*; n'est aucun des individus compris dans la classe des philosophes, ou des orateurs.

La qualité relative de la proposition donne les *conversions* et les *oppositions*.

La conversion d'une proposition se fait en mettant le sujet à la place de l'attribut : il en résulte une nouvelle proposition dont le sens doit être le même, et dans laquelle aucun terme ne doit avoir plus d'extension qu'il n'en avait dans la première. Il y a trois sortes de conversions : l'une simple, où la quantité et la qualité des propositions sont les mêmes : l'autre accidentelle, où la quantité seule est changée ; la troisième de contre-position, où les termes deviennent indéfinis. Excepté quelques conversions faciles et naturelles où l'attribut et le sujet peuvent se mettre, l'un à la place de l'autre, comme *l'homme est un animal* se change en *un animal ou une des espèces des animaux est l'homme*, les autres sont si forcées et si bizarres, qu'on a peine à concevoir qu'on ait jamais pu en faire l'objet d'une étude dont le but doit être de former le jugement. Au reste, l'invention de ces formules répond parfaitement bien à l'usage qu'on se proposait d'en

faire pour la réduction des syllogismes, opération dont on peut déjà apprécier l'utilité et l'importance, par l'espèce de moyen qu'on y employait.

L'opposition des propositions est contraire, ou
simplement contradictoire. Quelques logiciens y
ajoutent l'opposition subalterne ; *tout homme est
savant, quelqu'homme est savant* qui évidemment
n'est pas une vraie opposition ; et l'opposition
sous–contraire *quelqu'homme est savant, quelqu'homme
n'est pas savant*, deux propositions particulières entre lesquelles nous avons vu qu'il ne peut jamais
y avoir d'opposition.

Qu'il nous soit permis de ne plus revenir sur
cette aride matière : ce que nous en avons dit
dans le texte suffisait pour connaître la proposition logique ; et ce qui se trouve dans cette
note, prouvera au très-grand nombre qu'on aurait
pu se dispenser de la faire.

N O T E 42.ᵉ

Qu'est–ce que la vérité pour nous? Est-ce la
conformité de nos idées aux choses réelles et
telles qu'elles sont en elles-mêmes ? Non, sans
doute : celle-là n'est pas de notre ressort, nous
n'avons aucun moyen pour l'atteindre. La vérité
ne peut donc être que la conformité de nos idées,
de nos opérations, aux moyens que nous avons
pour connaître.

Mais quels sont nos moyens de connaître? Il

faut auparavant savoir quels sont les divers objets de notre connaissance ; et il n'y en a que de deux sortes ; nous, et tout ce qui n'est pas nous ou ce qui est hors de nous. Ce qui est hors de nous, ne peut nous être connu que par les impressions faites sur les sens qui sont l'unique moyen de connaître les sensibles. Ce qui est en nous, c'est une sensation ou une pensée ; et nous connaître, c'est nous savoir sentans ou pensans, affectés d'un sentiment ou occupés d'une idée ; cette conscience de nous – mêmes est également l'unique moyen de nous connaître ; et cette connaissance n'est pas celle de la nature de notre être, mais seulement celle de nos opérations. La connaissance de nos opérations nous fournit un troisième moyen, celui de voir dans ces idées, dans ces opérations, des rapports qui donnent lieu à d'autres idées et à d'autres opérations : c'est la raison qui, lorsqu'elle est développée, répand sa lumière sur les autres moyens de connaître et nous dirige dans leur emploi. Ainsi, dans les jugemens qui ont pour objet un état, une affection de notre ame, la vérité est dans la conformité de ce jugement avec ce que nous éprouvons; dans ceux qui ont pour objet les êtres sensibles hors de nous, la vérité consiste à leur attribuer des états, des qualités conformes aux impressions que nous en recevons; enfin dans ceux d'idées, la vérité consiste à saisir des rapports conformes à la manière dont nous avons fait et conçu ces idées, conformes à ce que l'analyse nous découvre dans les parties dont elles sont composées.

Il est aisé maintenant de voir que, pour être vrais, les jugemens ne doivent pas seulement être conformes aux moyens que nous employons pour connaître, mais qu'ils doivent encore être conformes et d'accord entr'eux. Car, quoique les objets de nos jugemens soient divers, l'esprit, à qui seul appartient la pensée, l'acte du jugement, ne s'occupe de ces objets qu'en les appercevant sous la forme d'idées : tant que les affections ou les premières images resteraient pures et telles qu'elles sont dans la sensation, l'esprit n'aurait rien à en prononcer. Pour devenir la matière d'opérations intellectuelles, les divers états de l'ame et les impressions faites par les objets sensibles doivent donc revêtir la forme d'idées, et alors ils sont soumis à la même opération. C'est cette unité de procédés qui établit l'unité des connaissances et qui fait qu'elles doivent être toutes d'accord entr'elles. Il y a donc une très-bonne raison pour n'admettre qu'un motif unique de certitude, l'évidence.

La certitude, pour l'esprit, est cette conviction intime et forte qu'il a de l'exactitude de son opération. Mais comment acquiert-il cette conviction? Il ne peut l'avoir qu'autant qu'il connaît bien les moyens qu'il a pour arriver à la vérité, et qu'il peut appliquer à chaque objet le moyen propre à l'atteindre : car alors comparant le résultat de son opération avec ce moyen, il voit clairement s'il a vraiment donné ce résultat. Ainsi, je suis sûr de la vérité de ces jugemens *je pense*, *je souffre*, lorsqu'interrogeant le sens intime, seul moyen de connaître mon état actuel, il me dit que je suis occupé d'idées, que je compose, que j'analyse ; que je suis désagréablement affecté par des sensations. Je suis certain de l'existence et des qualités d'un objet, lorsque mes sens, seul moyen de connaître les objets, me rapportent des impressions et des images claires que l'habitude et l'expérience m'ont appris à distinguer de celles qui ne sont pas assez nettes pour donner lieu à la certitude. Enfin j'ai la conviction intime que *le tout est plus grand qu'une de ses parties*, lorsqu'analysant les idées de *tout* et de *parties*, je vois par cette opération le rapport d'inégalité qui en résulte : cette analyse est le seul moyen de connaître le rapport entre des idées ; parce que les idées des sciences étant complexes, la seule décomposition peut les rendre assez distinctes pour en appercevoir la convenance.

Il suit de-là qu'il y a des connaissances vraies et certaines, qu'il est impossible de ne pas admettre pour telles, et qui, présentant à l'esprit des caractères frappans, lui servent à se faire une règle de jugement qu'il appliquera à toutes celles de ses connaissances dont il voudra constater la vérité. C'est le besoin de vérifier ses connaissances, les unes par les autres, qui produit à la longue dans l'esprit cette facilité de les lier et de les réunir en un seul ensemble, en sorte que, malgré leur diversité prodigieuse, il y a unité dans le système intellectuel. Mais cette unité dans l'entendement, ne se trouve que chez ceux qui connaissent et qui raisonnent leurs opérations ; chez eux, le jugement est aussi prompt que juste et solide.

NOTE 43.^e

Avoir de vraies connaissances, ce n'est pas toujours avoir des connaissances certaines et complettes ; ce n'est le plus souvent que savoir peu, mais le bien savoir, c'est-à-dire, ne pas le prendre pour certain, quand il n'est que probable ; ne pas croire qu'on a vu l'objet sous toutes ses faces, quand on ne peut en observer que quelques-unes ; ne pas donner aux jugemens plus de force, plus d'étendue, qu'il n'y en a dans les motifs qui les ont produits. Et c'est là précisément ce qui est difficile. L'évidence n'est pas susceptible de plus ou de moins ; on la voit clairement, ou bien on ne l'apperçoit pas du tout. Mais les autres motifs ne peuvent rien avoir de fixe ; il faut les calculer, les évaluer, et même en combiner plusieurs ensemble ; et encore le résultat n'est-il le plus souvent qu'une simple probabilité. Mais enfin ce résultat est tout ce qu'on peut avoir ; et moins il est certain en lui-même, plus il faut d'examen, d'attention et de sagacité pour approcher, autant qu'il est possible, de cette certitude qu'on ne peut avoir pleine et entière. C'est là vraiment ce qui fait l'homme judicieux : obligé de décider sur une question, ou d'agir et de prendre un parti entre plusieurs qui se présentent, il lui faut apprécier tout, peser le pour et le contre, prévoir, conjecturer, supposer, épuiser en quelque sorte toutes les combinaisons des possibles. Cette espèce de jugement exige sans doute une opération beaucoup plus difficile que celle que l'esprit fait sur des idées dont l'exactitude le conduisent par un chemin direct à l'évidence.

NOTE 44.^e

L'opération du raisonnement, sans être plus difficile que les autres, est cependant un peu plus compliquée, et elle a besoin d'être exposée d'une manière très-précise et très-élémentaire. Les logiques ordinaires donnent quelques exemples et se jetent tout de suite dans les règles des syllogismes et dans des formes sèches et abstraites d'argumentation, sans s'inquiéter de chercher un principe réel à ces règles, dans la nature même du raisonnement ; et c'est cependant là seulement qu'on peut le trouver.

Le but du raisonnement, comme celui du jugement simple, est de trouver la vérité, de saisir un rapport. Quel est le moyen du jugement ? La comparaison directe entre deux idées. La compa-

raison est aussi le moyen employé dans le raisonnement ; mais cette comparaison n'est pas immédiate, et elle ne se fait qu'à l'aide d'une troisième
idée qui, appliquée séparement à chacune des
deux autres, en est la mesure commune et fait
connaître si elles sont égales ou inégales, convenantes ou disconvenantes.

Ce principe de comparaison bien conçu, et l'espèce de cette comparaison bien distinguée de celle
qui a lieu dans le jugement ordinaire, il est facile
de voir quelles propositions il faut employer dans
le raisonnement, quelle est la nouvelle proposition
qu'on en doit tirer et quelle en sera la vérité et
la certitude.

1.° Il faut pour le raisonnement des propositions vraies et qui ayent un terme commun ; c'est le
terme commun qui lie les propositions, et c'est leur
vérité bien connue qui décide l'esprit sur le choix
de celles qu'il doit prendre pour arriver à son but.

2.° La proposition déduite des deux autres,
n'exprimera que le résultat de la comparaison ;
convenance ou égalité, si les deux termes ont été
trouvés égaux ou convenans à un troisième ; disconvenance ou inégalité, si, dans la comparaison,
l'un des deux était inégal ou disconvenant ; parti-
cularité, si l'un des deux termes comparés au
troisième était restreint dans son étendue : c'est
ce qui fait la justesse.

3.º La vérité et la certitude de la proposition déduite sont les mêmes que dans les propositions qu'on a employées pour la trouver.

Ainsi, dans le raisonnement, l'évidence vient de celle des propositions qui ont ce caractère ; et la justesse vient de l'exactitude de l'opération ; la première appartient à la conclusion, la seconde à la conséquence. On peut raisonner bien, et tirer une fausse conclusion ; l'erreur est dans une des deux propositions qu'on a prise pour vraie, tandis qu'elle ne l'était pas : mais quand on tire une conséquence qui manque de justesse, l'erreur est dans l'opération même du raisonnement ; et c'est celle qu'on pardonne le moins.

Note 45.ᵉ

Notre entendement se compose par une gradation qui est très-sensible, quand on veut l'observer avec attention. Nous voyons d'abord, ou pour mieux dire, nous sentons les objets et leurs qualités, dans des impressions qui sont en nous, mais que nous nous accoutumons peu-à-peu à rapporter à ces objets. Nous voyons ensuite ces objets et leurs qualités, dans des idées abstraites que les signes peuvent représenter à l'esprit indépendamment de l'impression actuelle et de la présence physique de ces objets. Quand ces idées sont devenues bien distinctes par l'analyse, elles donnent lieu à des jugemens dont la vérité nous frappe par son évidence. Ces vérités incontestables nous servent à découvrir ou à constater d'autres vérités que leur liaison avec les premières nous rend également certaines. Pour compléter l'entendement, il ne s'agit plus que d'appercevoir toutes nos connaissances d'un point de vue unique qui nous en découvre l'ensemble, les rapports et la dépendance.

Cet ordre méthodique, dont on contracte l'habitude lorsqu'on étudie une science quelconque régulièrement distribuée, n'est pas seulement commode pour classer les idées et les connaissances ; son principal avantage est de rectifier les opérations les unes par les autres ; de distinguer les parties bien connues, de celles qui attendent encore, de l'expérience ou du génie, de nouveaux développemens ; d'étendre et d'aggrandir l'esprit, en lui montrant, comme son domaine, ce vaste champ de la science devenu facile à parcourir, depuis la distribution exacte qu'on y a faite.

Je place ici, pour les jeunes gens et pour ceux qui se chargent de diriger leurs études, une observation dont ils sentiront un jour eux-mêmes la justesse. Le but de l'instruction et de l'étude est de former l'esprit ; non pas en lui donnant des connaissances toutes faites, mais en lui montrant comment il doit les faire pour qu'elles soient proprement à lui. Il est certain que ce qu'on apprend dans les premières études, élémens des langues, des sciences, peut s'effacer au bout de quelques années ; et alors on pourrait croire que le tems employé à les étudier, a été réellement perdu : ce serait une grande erreur. Faut-il compter pour rien l'habitude de réfléchir et de penser ; la facilité qu'on a acquise de conduire son esprit dans l'analyse et l'examen des choses dont il faudra s'occuper dans la suite par état, par goût ou par circonstance ? N'est-ce donc rien que de s'exercer à manier avec sûreté les instrumens, de préparer les divers matériaux dont on aura besoin quelque jour ? Tout homme, pour être hors de la route que suit machinalement le plus grand nombre, ne doit-il pas porter dans les affaires publiques et particulières des idées nettes et précises, un jugement sain, une raison ferme et juste, un ordre qui facilite son travail ? Tout cela est le fruit de ces premières études qu'on dédaigne et qu'on croit inutiles, parce que les choses qui en ont été l'objet n'ont pas un rapport direct avec celles dont on a eu dans la suite un besoin plus particulier de s'instruire.

C'est donc moins ce qu'on apprend, que la manière même de l'apprendre, qui rend la première instruction si nécessaire et si avantageuse. On n'est, à la fin de ses études, ni grammairien, ni littérateur, ni géomètre, ni physicien, ni publiciste ; mais on peut et on doit être propre à devenir tout ce qu'il faudra être dans la sphère où l'on se trouvera placé ; et comme personne ne sait précisément quel genre de connaissances lui sera nécessaire, les élémens d'aucune ne devraient lui être étrangers. Et qu'on ne croye pas que cette multiplicité de connaissances élémentaires exige un travail pénible ou un tems considérable : les bonnes méthodes abrégent le tems et diminuent la peine. On ne sait pas assez de quoi sont capables de jeunes esprits, et à quel point ils peuvent se passionner pour la science, lorsqu'une fois ils ont reçu cette direction juste, cette impulsion heureuse qui leur révèlent le secret de leurs forces et l'usage qu'ils peuvent en faire.

Note 46.e

On a pu voir que, dans cette première partie, notre objet n'était pas de connaître la nature même de la faculté intellectuelle ; mais seulement d'observer l'origine et les progrès de ses opérations, pour en tirer des règles qui pussent aider à en vérifier la justesse et à les diriger plus sûrement et plus promptement vers le but qu'elles se proposent. Si nous avons quelquefois parlé des divers systêmes, c'était moins pour les combattre et pour en établir d'autres à leur place, que pour faire mieux sentir l'insuffisance de ces recherches abstraites et l'impossibilité de pénétrer dans la nature même de l'entendement humain autrement que par l'analyse et l'observation exacte des faits qui lui sont relatifs. Nous devions donc nous borner à présenter la chaîne de nos connaissances, en les prenant aux élémens les plus simples et en les suivant pas-à-pas dans toutes les formes et les combinaisons qu'elles reçoivent , lorsque l'esprit plus exercé peut faire sur elles un travail plus régulier et plus méthodique. Ce que nous avons établi sera vrai dans tous les systèmes possibles ; parce que , quelle que soit la nature de l'esprit humain, ses idées, innées ou non , se forment ou se développent par une progression bien constante ; et que les règles des opérations communes ou particulières aux sciences reposent sur des principes indépendans du plus ou moins de connaissance qu'on pourrait avoir sur la nature de l'être pensant.

On paraissait assez généralement convaincu de l'inutilité de toute recherche métaphysique qui prétendrait remonter au de-là de la génération des idées , lorsque la nouvelle philosophie de Kant a ramené tout-d'un-coup l'attention et l'intérêt sur des discussions qu'on n'en croyait plus susceptibles. Cette doctrine , qui a donné à celle de Leibnitz une forme plus grande et plus philosophique , avait déjà de nombreux partisans en Allemagne , qu'on en connaissait à peine le nom en France. En voici le précis extrait d'un ouvrage où l'auteur (C. Villers.) propose de substituer la nouvelle théorie , à ce qu'il appele la philosophie française , *doctrine niaise, populaire et dangereuse.* Nous suivrons l'auteur dans son exposition, et nous montrerons que tout ce qu'il y a de vrai dans la doctrine de Kant, nous est commun avec lui ; que

ce

ce qui est différent, n'est pas prouvé ou peut l'être également bien par nos principes.

DANS le premier article, l'auteur traite de la philosophie considérée comme disposition naturelle et besoin de l'homme.

L'homme, dit – il, est destiné à agir ; mais il veut savoir pourquoi et comment il agit. C'est cette curiosité qui le distingue de la brute.

Ses premières découvertes acquises au hazard, sans règles, sans ordre, sans méthode, ne formaient point de science, mais elles en renfermaient les élémens. Les objets particuliers à chaque science ne commencèrent à se distinguer, que lorsque des esprits plus justes eurent distribué les matières : alors les connaissances de faits furent séparées des raisonnemens ; l'expérience et la spéculation furent deux méthodes différentes. Voilà l'origine de ce qui est *empirique* ou expérimental, et de ce qui est *pur*, de l'intellectuel et du sensible.

Sagesse, spéculation, théorie, philosophie, sont des idées qui rentrent l'une dans l'autre, et sous lesquelles on comprend les mêmes connaissances. Cependant par le nom de philosophie on entend plus particulièrement : 1.º le système des règles formelles et nécessaires qui dirigent la fonction de notre pensée dans le raisonnement, la logique, qu'on nomma d'abord dialectique ; 2.º les considérations sur la nature de l'homme, sur celle des êtres, leur origine, leur destination, leurs rapports, sur dieu, etc. ; cette science vaste réunissait tous ces objets sous le nom de science de la nature ou physique ; 3.º les principes fondamentaux qui dirigent nos actions vers le bien, qui régissent les sociétés, la morale, le droit naturel, la politique, dont le nom général est l'éthique. Tel fut le domaine essentiel de la philosophie qui de plus prétendit avoir le droit de prononcer sur la théorie du langage, sur celle des arts, et sur tout ce qui pouvait être l'objet d'une législation rationnelle. Aussi, les limites de la philosophie varièrent continuellement, et c'est ce qui fut cause qu'on ne put jamais s'accorder sur sa définition.

Cependant, à l'aide de l'observation et de l'expérience, les lumières et les découvertes croissaient de jour en jour : alors se formèrent les divers genres de connaissances, dont chacun, lorsqu'il fut suffisamment lié et arrondi, prit le nom de science ; la philosophie elle-même reçut une nouvelle forme, et au lieu de la raison pure qu'on croyait être son essence, elle se trouva insensiblement soumise à la marche des autres connaissances.

L'article II, qui est la continuation du premier, traite des définitions de la philosophie, s'il est nécessaire de la définir, et à quelles sciences conviennent les vraies définitions.

De ce que le champ de la philosophie s'est étendu ou resserré à différentes époques, il suit qu'on a dû donner de la philosophie des définitions très-différentes. Aussi a-t-on toujours disputé dans l'école sur cette définition.

Au reste, une définition rigoureuse n'est pas toujours aussi nécessaire qu'on pourrait le croire. Tout objet donné à l'esprit par les sens, ne peut être défini; seulement, on peut le décrire : on ne définit que ce qu'on a construit et engendré. Voilà pourquoi les mathématiques pures peuvent seules avoir de véritables et rigoureuses définitions : on ne fait bien l'analyse, qu'autant qu'on a fait soi-même la synthèse; les mathématiques doivent donc toujours commencer par des définitions.

Dans la philosophie, au contraire, où les objets et les notions sont donnés à l'esprit, l'examen et l'analyse doivent précéder, et la définition n'arriver qu'à la fin. C'est donc une erreur grave, que d'avoir voulu introduire dans les discussions philosophiques la méthode des géomètres; les deux sciences, étant différentes, ne peuvent avoir la même marche.

Sur ces deux articles, il faut observer : 1.º que si l'on a tant varié sur la définition de la philosophie, c'est qu'on l'a regardée, tantôt comme la science générale, comme la totalité des connaissances accessibles à l'esprit humain ; c'est en ce sens là qu'un ancien la définissait *la science des choses divines et humaines et de leurs causes ;* tantôt, on ne l'a considérée que par rapport à quelques objets dont on s'occupait plus spécialement. Peut-être, vaut-il mieux s'en tenir à l'idée que nous en avons donné dans la note 2.ᵉ, ne pas faire de la philosophie une science qui s'occupe de tel ou tel objet exclusivement, mais seulement une méthode d'analyse et de critique, commune à toutes les sciences, quelque divers d'ailleurs que soient leurs objets. 2.° Sur les définitions et sur l'utilité dont elles peuvent être dans les sciences, on répond que, quoique les définitions des mathématiques soient plus rigoureuses, les autres sciences peuvent encore en employer : ces sortes de définitions ne sont pas celles des objets réels, mais celles des idées que la science s'en est formées ; et si elle les a formées par des procédés exacts, elle en peut faire l'analyse. Aucune science n'est la connaissance des choses réelles, telles qu'elles sont ; dans toutes, on ne travaille que sur des idées abstraites et générales, liées et disposées dans un ordre méthodique. Ainsi, lorsque, dans une science, on commence par des définitions, on présente l'objet de cette science précisément dans l'état où l'ont mise les travaux et les découvertes de ceux qui s'en sont occupés.

————————

L'ARTICLE **III** renferme les divisions de la philosophie considérée comme science.

1.° Quant à la manière dont la philosophie procède, elle est dogmatique lorsqu'elle pose des principes sur lesquels s'élève un système bien lié, un corps de doctrine solide et prouvée. Elle est sceptique lorsque, discutant la certitude même des principes, elle en reconnaît l'insuffisance, et qu'elle reste dans un état de doute. Enfin, elle est critique lorsque, n'admettant pas les principes dogmatiques et ne s'arrêtant pas dans le doute, elle cherche dans l'analyse même de la faculté cognitive la naissance des systèmes et des principes : ce procédé, inconnu jusqu'à Kant, avait cependant été entrevu par Locke, Leibnitz, Hume et Condillac.

2.° Quant aux objets dont la philosophie s'occupe, elle est logique, métaphysique et morale.

3.° Quant aux fins qu'on se propose, elle est spéculative, quand on se contente de connaître; pratique, quand les principes reconnus par la spéculation deviennent des règles de conduite.

4.° Elle est subjective, quand elle s'occupe de l'homme comme sujet, c'est-à-dire, mêlant à ses connaissances quelque chose qui leur est antérieur; elle est objective, quant aux choses mêmes dont elle s'occupe : sous ce point de vue, elle est matérielle ou formelle.

Observons ici que Condillac avait fait plus qu'entrevoir la méthode critique, qu'il avait bien saisi la différence entre ce qu'il y a d'objectif dans nos connaissances, et ce qu'il y a de subjectif ; et que ce principe, *l'homme ne voit jamais que sa propre pensée*, renferme tout ce qu'il y a de vrai et de juste dans la philosophie de Kant.

L'ARTICLE IV roule sur la métaphysique et ses divisions.

La métaphysique est cette science spéculative qui traite, non pas des formes de la pensée, mais de son objet, de son origine ; en un mot, du matériel de nos connaissances.

D'après cette idée, elle a été divisée en quatre parties.

La première, connue sous le nom d'ontologie ou science de l'être en général, donne les principes fondamentaux d'après lesquels on établit entre les choses ou nos idées une liaison nécessaire et universelle.

La seconde, psychologie, ou traité de l'ame, réunit en un système tous les attributs de l'être pensant, détermine la nature et les fonctions supérieures de l'ame, prononce sur sa liberté, son immortalité.

La troisième, sous le nom de cosmologie, traite du monde, de l'ensemble nécessaire et infini de toutes les substances finies.

Enfin, la quatrième, qu'on appele théodicée

ou théologie rationnelle, établit le rapport nécessaire de ce monde à un être cause première
et fin dernière de tout.

L'auteur observe que quelques philosophes ont
réduit la métaphysique à la seule ontologie, et
il penche vers cette opinion qui rentre dans celle
que nous avons énoncée. Nous sommes également
d'accord avec lui, lorsqu'il ajoute que la métaphysique n'existait pas encore comme science, qu'elle
n'était qu'un amas d'opinions contradictoires qu'on
pouvait soutenir avec autant d'avantage, avant
qu'une analyse exacte de l'entendement lui eût
donné un fondement solide.

L'ARTICLE V donne l'histoire des systêmes
reçus en métaphysique, et indique les causes de
leur divergence.

Moi et la *nature*, agissant l'un sur l'autre ;
voilà la double conception qui s'offre à la raison, quand elle veut se faire une métaphysique.
Mais il faut de plus un intermédiaire : trois choses
sont donc à connaître; le moi ou l'être qui connaît, la nature qui est connue, le moyen par
lequel l'un agit sur l'autre.

Une des opinions les plus anciennes, c'est que
nos perceptions nous livrent la représentation des
objets par le moyen des images qui sont des

émanations des objets, semblables à eux et qui sont apperçues par nos sens : c'est le *matérialisme empirique*.

Quelques empiristes cependant , trouvant en eux—mêmes une volonté, une action, une pensée, admirent un principe différent du corps, et en attribuèrent également un à la nature. L'empirisme se divisa ainsi en deux branches, l'une de *matérialistes purs*, l'autre de *spiritualistes*.

Quelques métaphysiciens frappés de l'incertitude de l'expérience et des illusions des sens, leur substituèrent la raison où ils appercevaient des principes d'une certitude incontestable et universelle ; c'est le *rationalisme* dont les sectateurs se divisèrent bientôt et furent aussi opposés entr'eux, que leur doctrine en masse était opposée à l'empirisme etc.

Ceux des philosophes qui s'obstinèrent à chercher le moyen par lequel nous connaissons, ne sont pas d'accord en tout ; mais ils ont quelque chose de commun, c'est l'opinion des idées innées. Platon admettait des idées innées ; mais chez lui, ces idées n'étaient que des connaissances déjà acquises dans une vie antérieure et qui étant dans un souvenir obscur, se réveillaient vivement à la présence des objets qui autrefois les avaient fait naître. Descartes et ses disciples, en établissant l'action de dieu sur les créatures, disaient que l'ame, au moment où cette action commençait à opérer, recevait des idées ou représentations des lois universelles. Leibnitz admit aussi des idées innées, non pas comme des connaissances toutes formées, mais comme des inclinations, des dispositions, des virtualités : c'est le fond du système de l'harmonie pré-établie, dans lequel l'ame et la nature sont dans un accord tel qu'à mesure qu'un changement ou une représentation a lieu dans l'ame, un changement correspondant a lieu dans la nature. De toutes ces opinions, cette dernière approche le plus du but que Kant seul a atteint.

La conclusion la plus naturelle qui se présente à la suite de cet article où l'on reconnaît autant d'erreurs en métaphysique, qu'il y a eu de systêmes différens ; c'est que la nature de l'entendement est impénétrable, et que la nouvelle théorie pourrait bien n'être, comme les précédentes, que le produit d'une imagination ingénieuse.

Dans l'article VI, on donne l'idée de ce qu'on appelle *un point de vue transcendantal.*

Tout ce qui se fait dans la nature, n'arrive que d'après certaines lois : l'entendement humain a donc aussi les siennes, et il s'agit de les reconnaître. Ces loix sont-elles données par les objets eux-mêmes ? Ou bien, sont-elles en nous, antérieurement à l'impression des objets à laquelle elles joignent leur action ? L'expérience nous conduit à croire que les loix de notre perception sont dans les objets eux-mêmes : ce point de vue est empirique. La réflexion, en nous amenant à penser que notre manière de percevoir résulte de certaines loix générales qui résident en nous, nous place dans un point de vue transcendantal.

Dans nos perceptions, il faut distinguer deux sortes d'élémens, *l'objectif* et le *subjectif*. L'objectif est ce qui vient de la chose qui fait impression ; et le subjectif est ce qui est inhérent à l'être qui connaît. Pour discerner l'un de l'autre, il faut voir ce qui est variable, changeant dans nos perceptions ; c'est l'objectif : le subjectif sera tout ce qui, dans la représentation des objets, est constamment et invariablement le même ; il est à nous et en nous antérieurement à toute expérience. Ces dispositions primitives et originaires sont *pures* et indépendantes de toute impression étrangère ; elles sont dans la sensibilité, dans l'entendement et dans la raison : d'où les trois théories de la *sensibilité pure*, *de l'entendement pur* *et de la raison pure*.

Il y a une différence entre transcendantal et transcendant : on est transcendant, quand on recherche ce qu'est l'objectif considéré absolument ; et on est simplement transcendantal, quand on examine le subjectif comme concourant et se mêlant à la formation ou représentation des objets.

Sur cet article, on remarquera que Kant n'est

pas le premier qui ait distingué ce qu'il y a d'objectif et de subjectif dans nos connaissances : sous l'expression de *sensation transformée*, qu'on cherche à tourner en ridicule, on pourrait voir le matériel de la pensée fourni par les objets, et les formes que l'esprit lui donne par ses opérations.

L'ARTICLE VII est une déclamation violente contre la philosophie de Locke, contre celle de Condillac adoptée par les Encyclopédistes, contre *cette métaphysique des sens et cette morale des passions*, qui ont produit tous les maux et toutes les horreurs de l'anarchie, etc.

L'auteur cependant avoue que, dans cette période si funeste à la vraie philosophie, toutes les autres parties des connaissances ont reçu des accroissemens et une perfection qu'elles n'eurent à aucune autre époque. Voilà tout ce qu'il y a de vrai dans cet article écrit avec une amertume qu'on ne devrait pas trouver dans des discussions philosophiques.

L'ARTICLE VIII a pour objet d'établir l'insuffisance de l'empirisme.

Il n'y a point de géométrie sans le point et l'infini, et nulle expérience ne peut donner ces deux élémens. Toutes les autres sciences quelles qu'elles

soient, supposent des propositions générales et
universelles ; et l'empirisme ne donne que des
recueils ou histoires de faits et d'observations. Au
moyen de la sensation transformée, on voit bien
la suite des faits relatifs à l'entendement ; mais
on n'en voit pas mieux la nature ni les élémens
de cette faculté. L'expérience dit bien ce qu'il y
a dans un fait ; mais elle ne dit que cela : et
cependant il y a des choses dont on est sûr avant
le fait. Il y a donc des jugemens qui appartiennent à la sensation, et d'autres naissent de notre
propre nature. L'empirisme, au reste, a son avantage et il est très-compatible avec le transcendan-
talisme, tant qu'il ne fait qu'usage de l'expérience
et qu'il ne prétend pas l'expliquer.

ARTICLE IX. Il faut distinguer deux sortes de
certitude : l'une historique, par laquelle nous sommes sûrs, par exemple, que Rome existe, que
Jules – César, Alexandre ont fait des conquêtes ;
l'autre est en nous avant le fait, qui ne sert qu'à
la confirmer.

Cette dernière certitude qu'on appele *a priori*,
n'est pas toujours la même : quelquefois elle n'est
que conditionnelle et ne produit qu'une conviction
d'induction, d'analogie, par laquelle on juge que
l'expérience dans des cas semblables, donnera les
mêmes résultats ; quelquefois, au contraire, elle

est absolue et entraîne une conviction irrésistible, telle que celle de cette proposition, *deux choses égales à une troisième sont égales entr'elles;* c'est l'*a priori* pur. On ne peut donner le nom de science, qu'à celles de nos connaissances qui reposent sur des principes de cette sorte; telles sont les mathématiques, la logique, la philosophie transcendantale, la physique pure : les connaissances simplement empiriques ne s'éleveront au rang de science, que quand le génie leur aura trouvé de tels principes.

Sur les articles VIII et IX, il faut se rappeler ce que nous avons dit en traitant de la génération et de l'analyse des idées abstraites : on a pu voir par quelle gradation l'homme s'élève du sensible à l'intellectuel; comment la réflexion, lorsqu'elle est formée, lui découvre des rapports d'un autre ordre ; comment enfin l'esprit, en travaillant sur ces rapports, en forme ces abstractions très-difficiles, ces lois, ces propositions universelles qui deviennent des principes purs et indépendans de l'expérience et des faits, quoique jamais ils n'eussent été en nous sans les faits et sans l'expérience. Sans doute, si l'on compare le simple fait, tel qu'il est dans une sensation, avec un principe pur, on ne trouvera pas ce principe dans ce fait; on ne trouvera pas tout d'un coup le point et l'infini dans l'étendue réelle de tels corps. Mais en voyant plusieurs faits, en combinant plusieurs idées, on apperçoit des rapports nouveaux qui donnent eux-mêmes lieu à de nouvelles abstractions et à de nouvelles combinaisons; et voilà comme se forment les sciences, qui ne sont et qui ne peuvent jamais être que des théories et des idées générales, c'est-à-dire, l'ordre que l'esprit met dans ses idées pour en faire un tout régulier et bien lié. Certainement, il serait curieux et satisfaisant pour l'esprit, de voir clairement les principes des choses; mais cela n'est ni possible, ni nécessaire. Cela n'est pas même très-utile : car les sciences doivent plutôt être cultivées pour l'application qu'on en peut faire à des choses d'une utilité réelle et générale, que pour la connaissance spéculative qui, malgré son apparente sublimité, est sujette à des erreurs que rien ne peut rectifier.

ARTICLE X. On y distingue deux sortes de connaissances que l'on confond d'ordinaire sous le nom d'abstractions. Les unes ont, dans la nature, des objets qui leur correspondent, *homme*, *cheval*, etc.; les autres n'ont point d'objets qui ayent pu en donner l'idée, *espace*, *tems*, *cause* et *effet*. D'où il faut conclure que les premières peuvent bien avoir leurs élémens dans la sensation, dans l'objectif; les autres sont des conceptions universelles qui par-conséquent appartiennent au subjectif.

Il est aisé de sentir la futilité de ce sophisme

qui est détruit d'avance par la progression que nous avons observée entre nos idées. Si nous commençons d'abord par la sensation qui offre les objets individuels, nous faisons ensuite des genres et des classes. L'esprit en réfléchissant, et en comparant ces idées abstraites, apperçoit entr'elles des rapports, et ainsi se forme une chaîne d'abstractions dont les dernières ne tiennent pas immédiatement aux élémens ou aux objets individuels, quoiqu'elles en soient dérivées de très-loin. *Cause* et *effet*, sont la relation entre deux choses dont nous jugeons que l'une produit l'autre. *Tems* est la succession des instans que l'esprit fait correspondre à la chaîne de ses opérations, quand il a acquis l'idée d'existence; et nous avons vu comment se forme cette idée. *Espace* est l'étendue généralisée, et l'idée d'étendue est incontestablement originaire des sens. Il n'y a donc, entre nos abstractions, d'autre différence que celle des formes successives que les perceptions reçoivent par le travail de l'esprit.

Il y a à la suite de l'article X une remarque qu'il ne faut pas passer sous silence. Après avoir dit que le mot *origine de nos connaissances* ne signifie rien dans Condillac, et qu'il n'y a point de métaphysique à exposer comment nos idées se lient entr'elles et avec les signes, le disciple de Kant continue :

La première condition pour qu'il y ait connaissance, c'est qu'un être cognitif soit posé. Absolu et encore seul, il n'a pas de bornes; il ne connaîtra que quand il percevra un objet, une limite. Sa première connaissance est celle de son propre être; et c'est cette apperception qu'il a de lui-même, qui est la seconde condition indispensable pour qu'il y ait d'autres connaissances, que la conscience de lui – même doit toujours accompagner. L'état de l'être cognitif est donc l'infini; la conscience qu'il a de lui-même est le point mathématique : tout ce qui l'affectera, ne l'affectera que dans ce sentiment et ne sera non plus qu'un point mathématique. (Et voilà la grande base, le fondement solide qu'on a prétendu donner aux mathématiques, dont la certitude, dit-on, est nulle dans toute autre théorie !) Mais, qui étend ce point pour en faire une ligne ? Qui trace le cercle, le triangle ? Cette recherche est transcendante.

L'être cognitif une fois posé, ainsi que la possibilité des connaissances, il faut rechercher le mode d'exécution, ou les lois fondées dans la nature de cet être et suivant lesquelles doit s'exercer son action. Pour cela, il faudra distinguer ce qui appartient au sujet connaissant et ce qui vient de l'objet connu : dans ce cas, *origine* peut être objective ou subjective; cette recherche est transcendantale.

Enfin, à quelle époque fixer la naissance de nos idées? C'est l'objet d'une psychologie empirique.

On

On distingue ensuite deux sortes de réalités ; l'une subjective et phénoménale, par rapport à nous et à la manière dont nous pouvons percevoir ; l'autre objective et absolue, qui convient aux choses en soi : cette distinction pose les bornes de nos connaissances. Tout ce qui a une réalité subjective est connaissable ; mais la réalité absolue est inconnaissable ; l'une appartient au transcendantal, l'autre au transcendant. L'erreur vient de ce que, de la réalité subjective, on veut conclure à une réalité objective. Ainsi la spéculation transcendantale qui ne veut expliquer que le savoir humain, dit : qu'est-ce, dans l'homme, que la représentation d'une chose, et comment expliquer la nature vue et perçue par l'homme? Par les lois de la perception et de la cognition de l'homme. La spéculation transcendante, au contraire, dit : qu'est-ce qu'une chose en elle-même, et comment expliquer la nature telle qu'elle est indépendamment de l'homme? Elle ne peut y répondre que par des systèmes.

On peut se rappeler ici ce que nous avons établi dans notre traité des sensations, où nous avons distingué bien expressément l'être sensible, les objets sentis et les moyens de sensibilité et de perception. On peut également se souvenir avec quelle exactitude nous avons appuyé sur la nécessité de distinguer ce qui peut être connu, parce que nous avons des moyens pour le saisir ; et ce qui ne peut être connu, parce que nous n'avons aucun moyen pour le pénétrer. Il est vrai que nous aurions été long-tems à trouver le point et l'infini.

———————

Dans les articles suivans, on expose la théorie de Kant.

L'homme connaît et il veut, il a donc deux facultés, une cognition, et une volition : il a aussi un jugement qu'on peut considérer comme appartenant à toutes les deux. De-là, la critique de la raison pure, et celle de la raison pratique. Il ne s'agit ici que de la première.

Il faut d'abord classer les connaissances, afin de fixer les facultés inférieures comprises sous la faculté générale de connaître.

Trois sortes de représentations très-distinctes s'offrent à nous :

1.º Nous avons des perceptions sensibles, des intuitions d'objets sensibles auxquels nous transportons ces perceptions qui sont en nous. Nous avons donc d'abord connaissance de l'espace et des objets étendus ; ensuite nous avons la perception intérieure de nos manières d'être, la conscience de nous-mêmes, de nos perceptions que nous plaçons dans un ordre successif, dans un *tems*. Par-là, l'espace et le tems se trouvent être les deux fonds sur lesquels se dessinent toutes nos représentations. La faculté d'avoir de telles intuitions se nomme sensibilité ; *externe*, quant aux objets ; *interne*, quant à nous-mêmes.

2.º Nous pensons ces objets donnés par la sensibilité, c'est-à-dire, nous les classons, nous les lions par des rapports de cause et d'effet, de plus grand, de plus petit, etc. Cette fonction est celle de la pensée ou de l'entendement. Ce qui en résulte est une *conception* ou liaison entre objets perçus par la sensibilité.

3.º Ces conceptions peuvent être liées entr'elles ; et alors nous avons des représentations détachées du sensible, des objets purement intellectuels, nous sommes entrainés vers l'absolu, l'infini : ces représentations sont nommées *idées*, et la faculté des idées, raison.

On aura donc trois théories : celle de la sensibilité pure ; celle de l'entehdement pur; celle de la raison pure.

Sous ces trois facultés repose la loi, la nature de l'être cognitif. Cette loi, c'est que cet être est essentiellement *un* d'une unité systématique, unité dont tout ce qui lui survient doit prendre le caractère. C'est de-là que vient cette force synthétique active qui, d'une multitude de sensations diverses, fait une sensation unique, un objet ; d'un amas d'objets isolés, une conception ; et de plusieurs conceptions, une idée. La synthèse, chez nous, précède donc l'analyse.

Théorie de la sensibilité pure.

Nos perceptions sont dans nous. Mais comment deviennent-elles des objets hors de nous, et les uns hors des autres ? On ne peut concevoir les corps que dans l'espace ; et cependant on conçoit l'espace, sans corps. L'espace est donc une condition nécessaire pour la possibilité des corps : et les corps ne sont nullement nécessaires à la possibilité de l'espace. Cet espace est étendu en long, en large, en haut, telle est sa nature : tous les corps doivent donc être perçus sous ces trois dimensions. Or, cette idée de l'espace n'est entrée par aucun de nos sens ; ce n'est pas une qualité des corps, c'est leur essence. Elle n'a pas non plus été formée par abstraction : les abstractions n'ont pas une existence réelle ; et l'espace en a une. Il est donc une forme subjective ; et dès lors même on a la possibilité des corps en général, et celle de la géométrie.

Ce qu'est l'espace pour les corps, pour la sensibilité externe, le tems l'est pour la sensibilité interne, pour la pensée. Nos pensées sont les unes après les autres, dans le tems, comme les corps sont, les uns hors des autres, dans l'espace. Le tems est donc aussi une forme subjective. Au moyen du tems, est possible la répétition successive de la même perception : c'est donc lui qui engendre

le nombre et qui donne la certitude de l'arithmétique.

Les objets perçus par nous et revêtus des formes de l'espace et du tems, sont des *phénomènes*,
(apparens ou sensibles) mais ce qu'ils sont en
eux-mêmes est inconnaissable : dans cet état, ils
sont des *noumènes*, des choses en soi. Il y a erreur, lorsqu'on transporte aux choses en soi, ce
qui ne leur appartient que comme phénomènes.

Théorie de l'entendement pur. Au moyen de l'étendue et de la durée, nous avons des corps, des
objets placés, l'un hors de l'autre, dans l'espace;
l'un après l'autre, dans le tems. Mais ce n'est encore là qu'un amas informe et irrégulier. Pour
en faire une nature, il faut les lier par des rapports : c'est ce que doit faire l'entendement; ce
sera connaître, concevoir, penser, juger.

Or, nous ne pouvons juger des objets, que
leur quantité, leur qualité, leur relation, leur
modalité : ce qui donne quatre *catégories* ou classes
dont chacune a encore trois sous-divisions.

Celle de quantité a unité, pluralité, totalité.

Celle de qualité a affirmation ou réalité, négation ou privation, et limitation.

Celle de relation a substance et accidens, cause
et effets, action et réaction.

Celle de modalité a possibilité et impossibilité,
existence et non-existence, nécessité et contingence.

Ces douze catégories sont des formes pures et *a priori* de notre entendement; car elles ne sont point dans les objets. Elles ne sont valables, qu'appliquées aux objets, et aux formes de la sensibilité. La cause d'une erreur grave est d'attribuer à la sensibilité, ce qui appartient à l'entendement; et réciproquement.

Pour classer les objets dans une des catégories, il faut la réflexion transcendantale et elle a quatre formes correspondantes : à la quantité répond identité et diversité; à la qualité, conformité et contrariété ; à la relation, intériorité et extériorité; à la modalité, matière et forme.

Théorie de la raison pure. Ce n'est pas assez pour l'homme, de lier par des rapports les objets donnés par la sensibilité; ce n'est là que son ouvrage: il éprouve de plus le besoin de connaître les choses en soi; il s'élance vers l'absolu, l'infini. Cette faculté qui tend à l'absolu, est la raison. L'objet de la raison n'est donc pas une chose sensible; ce n'est pas non plus une liaison, un simple rapport; c'est une idée.

Trois idées principales se manifestent dans l'exercice de la raison : 1.º l'idée de l'unité absolue, de l'être simple et pensant, de l'ame humaine ; idée psychologique. 2.º L'idée de la totalité absolue, du grand tout, de l'univers ; idée cosmologique. 3.º L'idée de la cause et de la réalité absolue, d'une cause première, intelligente ou aveugle; idée théologique.

De l'application de ces idées absolues aux catégories de l'entendement ou aux formes de la sensibilité, naissent en métaphysique une foule d'erreurs, qui disparaissent aussi-tôt qu'on ne veut donner à chaque faculté que ce qui lui appartient.

Tel est le précis de la doctrine de Kant qu'on a voulu donner comme l'analyse la plus exacte qu'on eût encore faite de l'entendement, comme supérieure à tout ce que la philosophie produisit jamais.

Il n'est pas de notre objet de faire une réfutation : nous n'avons voulu que comparer la nouvelle méthode avec celle que nous avons suivie. En faisant ce rapprochement, on voit que la chaîne est exactement la même : de part et d'autre la connaissance commence par la perception des objets sensibles ; de part et d'autre, cette connaissance s'étend, lorsqu'on lie les perceptions par des rapports qui donnent ce que nous nommons des abstractions, et que Kant appele des catégories ; de part et d'autre, la connaissance se complète et arrive au plus haut degré, par le moyen de ces idées très-générales et très-abstraites qui font les grandes théories dans les différentes sciences.

Nous différons en quelques dénominations ; chez Kant, elles sont bien multipliées et peut-être trop scientifiques.

Une différence plus essentielle, c'est qu'il donne

pour des formes pures et *a priori*, des notions que nous regardons comme acquises. Les formes de la sensibilité, l'espace et le tems, sont des idées abstraites dons nous avons indiqué l'origine et les progrès. Les catégories de l'entendement sont trop symétriquement compassées, pour qu'on n'y reconnaisse pas plutôt l'ouvrage de l'art ou de la science, que celui de la nature.

Sans doute, il y a des formes dans l'entendement ; mais ces formes ne s'y établissent qu'à la longue. Les perceptions de la sensibilité ne seraient rien sans l'abstraction qui les généralise ; c'est l'abstraction qui, avec la réflexion, forme cette unité systématique qui lie toutes nos idées par des rapports, et qui fait que nous appercevons la certitude, que nous avons l'évidence, parce que, ces idées étant notre ouvrage, il est impossible de ne pas voir si elles se conviennent.

Fin de la première Partie.

TABLE
DES MATIÈRES
Contenues dans le premier volume.

OBSERVATIONS PRÉLIMINAIRES.

De la grammaire générale et de la manière de la traiter philosophiquement.   Page 1.

De la perfectibilité humaine et des deux facultés naturelles qui forment l'entendement.   10.

PREMIÈRE PARTIE.
DE LA PENSÉE.

ARTICLE PREMIER.
SENSATIONS.

De l'être sensible.   27.

Organes ou moyens de sensibilité.   28.

Objets extérieurs, causes occasionnelles de la sensation.   32.

Analyse faite par les sens, et quelle espèce de connaissance en résulte. Page 34.

Développement naturel de la faculté de sentir, aidé et assuré par l'exercice. 36.

Définition de la sensation. 38.

De l'attention. 39.

Erreurs apparentes, attribuées aux sensations. 42.

Sensations divisées en affectives et en représentatives : causes physiques de cette différence. 43.

Des affections. 45.

Des passions naturelles et factices : et comment elles contribuent au développement des facultés intellectuelles. 46.

Système de la sensibilité physique. 49.

ARTICLE II.

IDÉOLOGIE.

Différence entre perception et idée. 55.

Origine des idées. 57.

Génération des idées. 58.

Réminiscence, mémoire et imagination. 64.

Opinion des idées innées. 72.

Division et qualités des idées. 79.

Exemples d'analyse de quelques idées trèsabstraites. 85.

Défauts à éviter dans la formation des idées.   Page 100.

ARTICLE III.

LOGIQUE.

Comment la logique, de naturelle qu'elle est, devient artificielle.   105.

Du jugement, comme acte de l'esprit.   109.

De la proposition logique.   112.

Règles critiques du jugement.   118.

Motifs du second ordre et leurs différens degrés.   129.

Du doute, et quel est son usage dans la recherche de la vérité.   142.

Erreurs dans l'acte du jugement.   143.

Du raisonnement; et en quoi il diffère du jugement simple.   145.

De la forme syllogistique : ses abus, ses avantages : ses règles.   151.

Différences entre les vérités trouvées par voie de raisonnement.   160.

Des raisonnemens captieux.   162.

De la méthode considérée par rapport aux sciences.   163.

FIN DE LA TABLE.